W0053889

Es gibt viele Aspekte in Beziehungen: Kommunikation, Sexualität oder Macht. Und es gibt etwas, das tiefer geht als all das. Um diesen Kern einer Liebesbeziehung geht es dem renommierten Paartherapeuten Oskar Holzberg in diesem Buch. Wie können wir diesen Kern pflegen und schützen, damit eine Bindung hält und unser Lebensglück vergrößert? Wie helfen Sexualität und Rituale dabei? Und was hat Liebe mit dem Mut zur Offenheit zu tun?

Zugleich zeigen die ›Neuen Schlüsselsätze der Liebe‹ aber auch, was wir keinesfalls tun sollten, weil es die Bindung zu unserem Partner nachhaltig schädigt. So ist es vor allem das Spannungsfeld zwischen Verletzlichkeit und Verletzung, das Oskar Holzberg hier erforscht. Dabei erweitert der Brigitte-Kolumnist seine pointierten und unterhaltsamen ›Schlüsselsätze der Liebe‹ um längere, fundamentale Texte zu den Dos and Don'ts der Liebe. Kurz: Oskar Holzberg inspiriert zu einem besseren und glücklicheren Liebesleben.

Oskar Holzberg, geboren 1953, studierte Psychologie und Germanistik in Hamburg. Er ist niedergelassener Psychotherapeut, Supervisor, Dozent und Autor. Die Paartherapie bildet einen Schwerpunkt seiner Arbeit. Seit mehr als drei Jahrzehnten schreibt er zu psychologischen Themen. Durch seine zahlreichen Zeitschriftenbeiträge gehört er zu den meistgelesenen Psychologen Deutschlands. Der Autor ist verheiratet, hat drei erwachsene Kinder und lebt in Hamburg.

OSKAR HOLZBERG

# NEUE SCHLÜSSELSÄTZE DER LIEBE

Was Beziehungen scheitern und
was sie gelingen lässt

DUMONT

Von Oskar Holzberg ist bei DuMont außerdem erschienen:

Schlüsselsätze der Liebe. 50 kluge Gedanken, die Ihre Beziehung verbessern können

April 2019
DuMont Buchverlag, Köln
Alle Rechte vorbehalten
© 2017 DuMont Buchverlag, Köln
Umschlaggestaltung: Lübbeke Naumann Thoben, Köln
Autorenfoto: © Thomas Müller, www.MUELLER-foto.com
Satz: Fagott, Ffm
Gesetzt aus der Dante und der Futura
Druck und Verarbeitung: CPI books GmbH, Leck
Gedruckt auf säurefreiem und chlorfrei gebleichtem Papier
Printed in Germany
ISBN 978-3-8321-6489-8

www.dumont-buchverlag.de

The understanding of relationship is infinitely
more important than any plan of action …
The understanding of relationship is true action.

Das Verstehen von Beziehungen ist unendlich wichtiger
als die Suche nach einer Möglichkeit zu handeln … Das
Verstehen von Beziehungen ist die wahre Handlung.

*J. Krishnamurti*

Ever tried. Ever failed. No matter.
Try again. Fail again. Fail better.

Endlos versucht. Endlos gescheitert. Macht nichts.
Versuch es wieder. Scheiter wieder. Scheiter besser.

*Samuel Beckett*

# INHALT

# VORWORT

Eine Liebesbeziehung ist nie einfach. Sie ist immer vielschichtig. Und manchmal erscheint sie uns wie ein völlig verknotetes Knäuel aus zwei Fäden, die zwei Personen gleichzeitig zu entwirren versuchen. Sie zupfen hier und zerren dort. Und drohen alles noch viel schlimmer zu verwirren. Wenn sie besser verstehen, wo der Faden entlang läuft, zu wem der Faden gehört, was geschehen wird, wenn sie hier fester ziehen und jenes Ende loslassen, dann können sie ihr Knäuel langsam entwirren. Und darum geht es in diesem Buch.

Der ganze Bogen der Liebe spannt sich zwischen unserem Bedürfnis, uns miteinander vertrauensvoll und geborgen zu fühlen und unserer Möglichkeit, es zu wagen, offen und verletzlich voreinander zu sein. Wir suchen die Verbindung, die Gewissheit, die Sicherheit, ja die Abhängigkeit miteinander. Aber wir suchen in unserer Liebesbeziehung auch Erregung, Abenteuer, Spannung und persönliche Entwicklung. Denn wie schon Groucho Marx wusste: »Die Ehe ist eine wundervolle Einrichtung, aber wer will in einer Einrichtung leben?« Meistens wird die Idee vertreten, wir dürften nicht zu vertraut miteinander werden, müssten einander auch fremd bleiben und Distanz zueinander halten, damit eine Liebesbeziehung erotisch aufregend und herausfordernd bleibt. Wir sollten gemeinsam neue, aufregende Erfahrungen machen und Dinge tun, die wir noch nie getan haben. Wir sollten nicht immer nur als Paar existieren, sondern auch jeder für sich ein eigenständiges Leben führen. Vor allem sollten wir aber lernen, uns selbst zu lieben, weil wir sonst zu angewiesen auf unseren Liebsten sind, und nicht wirklich unabhängig und selbstbewusst lieben können. Gegen keinen dieser Gedanken ist etwas einzuwenden. Aber wir haben noch eine ganz andere Möglichkeit. Und vielleicht liegt darin die größte Chance, die eine Liebesbeziehung bietet und hat. Wir können das Abenteuer der Selbstverwirklichung gemeinsam mit unserem Partner bestehen. Indem wir immer wieder die Komfortzonen und eingefahrenen Bahnen unseres Miteinanders verlassen und uns dafür entscheiden, noch intimer miteinander zu werden und uns in unserer ganzen Verletzlichkeit zu zeigen.

Beziehungen sind der Ort, an dem wir leben. Und wie an jedem Ort müssen wir lernen, uns zu orientieren. Wir lernen ihn kennen, verstehen seine Besonderheiten, sehen, wie seine Geschichte in ihm weiterlebt, und werden mit ihm vertraut.

Wir wissen dann, wie das Wetter einzuschätzen ist, und ob wir lieber einen Schirm mitnehmen. Wir kennen die kürzesten und die idyllischsten Wege, um an unser Ziel zu kommen. Wir wissen, wo es die besten Geschäfte, Klubs und Restaurants gibt und welche Ortsteile wir lieber meiden sollten. Wir kennen uns aus und verlaufen uns nicht mehr. Und natürlich verändert sich das auch alles immer wieder, und auch das gehört zu unserem Verständnis von Beziehung.

Da es in unserer Psyche nie die Dinge selbst sind, die uns beunruhigen, sondern immer die Art, wie wir sie betrachten, können wir uns in Partnerschaften nur orientieren, wenn wir verstehen, was geschieht. Ich glaube, dass das ein Buch leisten kann: mehr zu verstehen. Und dadurch anders handeln zu lernen.

Nach den »Schlüsselsätzen der Liebe« habe ich nicht gedacht, dass es irgendwann »Neue Schlüsselsätze der Liebe« geben würde. Aber es entstanden immer mehr Sätze, ich bekam unterstützende und begeisterte Zuschriften, und schließlich ermunterte mich auch Tanja Rauch, meine Lektorin, doch ein weiteres Buch zu veröffentlichen. So ist dieses Buch entstanden. Es kann für sich alleine stehen, aber gemeinsam mit den »Schlüsselsätzen der Liebe« ergibt es auch ein Ganzes. Im vorigen Buch habe ich versucht, die verschiedenen Dimensionen und Bereiche heutiger Beziehungen zu beschreiben. Vor welchen Aufgaben wir dabei stehen und wie wir ihnen begegnen können. In den »Neuen Schlüsselsätzen der Liebe« gehe ich ausführlicher darauf ein, wie wir uns in unserer Liebesbeziehung immer wieder annähern können, und was bedrohlich für eine Liebesbeziehung ist.

Ich habe versucht, für die Leser, die schon die »Schlüsselsätze der Liebe« kennen, Wiederholungen zu vermeiden und sie nur aufgenommen, wo es für das Verständnis und die Sinnhaftigkeit unumgänglich war.

Wenn dieses Buch dazu beitragen kann, Ihre Fäden leichter zu entwirren, dann wäre ich schon sehr zufrieden.

*Hamburg und Tyros, Juli 2017*

# I

# ZUEINANDER HIN ODER VONEINANDER WEG

»Everything is always constantly changing.« Der buddhistische Meditationslehrer Joseph Goldstein wurde nicht müde zu vermitteln, dass es keinen Stillstand gibt. Alles ist in ständiger Bewegung. Das gilt auch für unsere Liebesbeziehungen. Jeder Partner verändert sich stetig, wird älter, lernt, entdeckt, macht neue Erfahrungen. Und auch zueinander befinden wir uns in ständiger Bewegung. Entweder wir bewegen uns zueinander hin, oder wir entfernen uns voneinander weg. Man kann nicht zweimal in denselben Fluss steigen. Auch nicht in den Fluss unserer Liebesbeziehung. Eine feste Beziehung ist paradoxerweise höchst beweglich. Sie bleibt nur bestehen, wenn wir uns immer wieder aufeinander zubewegen. Im Konflikt entfernen wir uns, in der Klärung nähern wir uns wieder. Im Alltag verlieren wir uns aus den Augen, in der Sexualität finden wir uns. Wir pendeln ständig zwischen Nähe und Distanz. Manchmal im ständigen schnellen Wechsel, in anderen Phasen mit langsameren Bewegungen. Aufeinander zu in der ersten Phase des Kennenlernens und der Verliebtheit oder in Phasen der Wiederannäherung nach Krisen.

Voneinander weg bei Konflikten, wenn die Beziehung infrage gestellt ist, wenn zunächst nicht vereinbare Standpunkte die Beziehung bestimmen.

Wir sind nicht ein Paar, wir sind viele Paare. Das Studentenpaar, das sich in der Wohngemeinschaft lieben gelernt hat, ist nicht das Elternpaar mit zwei Kindern, das ein paar Jahre später im Stadtteil mit Einfamilienhausbebauung lebt. Und in dem 50-plus-Paar, in dem sie überlegt, wann sie ihre PR-Agentur verkauft und er seine Energie in den Vorsitz des lokalen Rudervereins steckt, sind wiederum die jungen Eltern kaum noch sichtbar. Deshalb müssen wir uns als Paar immer wieder neu finden, um unsere Nähe zu erhalten.

Nähe, ein räumliches Wort, beschreibt unser Erleben. Eine Liebesbeziehung ist ein imaginärer Raum, in dessen innersten Kammern wir uns treffen können. Dort fühlen wir uns nah. Dort, wo wir unseren Partner erreichen, verlassen wir die Vereinzelung. Dort ist das wärmende Feuer der Geborgenheit zu finden. Und die Geborgenheit gibt uns die Chance, wir selbst zu werden. Wir möchten immer wieder dorthin gelangen. Aber aus Enttäuschung ziehen wir uns auch von dort zurück.

Die Kunst, eine Beziehung zu führen, liegt darin, sich auf den anderen hinbewegen zu können. Dazu gehört es, achtsam dafür zu sein, wenn wir uns voneinander wegbewegen. Ein einfaches Rezept, wenn es nur nicht so schwierig wäre.

In den Sechzigerjahren des letzten Jahrhunderts begann sich die Familien- und Paartherapie zu entwickeln. Damals wurden Liebesbeziehungen zumeist als eine Art emotionaler Geschäftsbeziehung angesehen. Es ging darum, die Gefühlskonten ausgeglichen zu halten. Partnerschaft wurde als Tauschgeschäft betrachtet, in dem das Gleichgewicht zwischen Geben und Nehmen erhalten oder wiederhergestellt werden musste. Die Idee, dass es in Beziehungen einen gewissen Ausgleich geben muss, hat noch immer eine Berechtigung. Ich komme auf dich zu, aber ich möchte auch, dass du auf mich zukommst. Du bist zuverlässiger, dafür mache ich unser Leben interessanter.

Aber mittlerweile verstehen wir Paarbeziehungen genauer.

Wir sind Beziehungswesen mit dem Bedürfnis nach Bindung und emotionaler Geborgenheit. Wir suchen emotionale Resonanz. Und wir besitzen ein feines Gespür, ob sich dieses Bedürfnis erfüllt. Ob wir unseren Partner gefühlsmäßig erreichen können, oder ob uns das nicht gelingt.

Wenn wir uns in unseren Liebesbeziehungen fragen: »Liebe ich ihn noch?« und »Liebt er mich noch?«, dann fragen wir danach, wo wir emotional gerade miteinander stehen. Ob wir uns voneinander entfernen und voreinander verschließen oder uns annähern und füreinander öffnen. Das ist gewiss nicht alles, was die Liebe ausmacht. Aber es erlaubt uns zu verstehen, was wir tun können.

Unsere Wahrnehmung, in unserer Beziehung »sei es wie immer«, ist ein Trugschluss. Wie die rote Königin aus »Alice im Wunderland« sagt: »Nun, hier, verstehst du, musst du so schnell rennen, wie du kannst, um auf der gleichen Stelle zu bleiben. Wenn du woanders hinkommen willst, dann musst du mindestens doppelt so schnell laufen!«

Wir strampeln uns in Beziehungen oft wahnsinnig ab, ohne einen Schritt von der Stelle zu kommen. Aber wir müssen nicht doppelt so schnell laufen, um woanders hinzukommen. Es reicht, wenn wir verstehen, wohin wir uns gerade bewegen. Wenn wir wissen, wodurch wir unsere Nähe zueinander verlieren. Und wie wir uns wieder aufeinander zubewegen können.

Im ersten Abschnitt beschreibe ich unser grundsätzliches Bedürfnis nach GEBORGENHEIT. Anschließend, was uns in Beziehungen *voneinander weg* führt. Die stets auftretende ESKALATION unserer Kommunikation und BINDUNGSVERLETZUNGEN. Zwei spezifische Bindungsverletzungen betreffen besonders viele Paare: Dem Umgang mit AFFÄREN und PORNOGRAFIE sind deshalb eigene Abschnitte gewidmet. Dann geht es um das *zueinander hin*. Die Abschnitte RITUALE, BINDUNGSSEXUALITÄT und VERLETZLICHKEIT beschreiben, wie wir uns in unseren Liebesbeziehungen immer wieder finden können.

# II

# GEBORGENHEIT

Sicherheit beschäftigt uns ständig so selbstverständlich, dass es uns gar nicht auffällt. Doch wir bringen Überwachungskameras an, lernen Karate und jagen jedes Produkt durch den TÜV. Eine Hausratversicherung abzuschließen ist natürlich nicht besonders sexy. Deshalb zeigen wir unseren Freunden lieber Fotos unseres Bungeesprungs als eine Kopie unserer Versicherungspolice.

Das Leben ist immer lebensgefährlich. Und weil das schon immer so war, haben sich in unserer Psyche Systeme gebildet, die unserer Sicherheit dienen. Als mittelgroße Affen, als Wesen ohne extrastarke Reißzähne, Panzer oder Giftdrüsen müssen wir uns auf unsere Sinne und unsere Intelligenz verlassen. Und finden letztlich Sicherheit, wenn wir uns dabei auf die Unterstützung anderer Menschen verlassen können.

Doch genau das wirft ein neues Problem auf. Denn auch unsere Artgenossen sind eine mögliche Gefahr für uns. Die meisten Konflikte haben wir mit Menschen, die uns vertraut und bekannt sind. Wir brauchen Sicherheit in unseren Beziehungen, um uns anvertrauen zu können. Und die Gewissheit, auf den anderen zählen zu können. Unser Gefühlsleben ist darauf ausgerichtet, diese Geborgenheit zu finden. Der Wunsch nach Zugehörigkeit, das Ringen um Vertrauen, um Zuverlässigkeit und Loyalität, und umgekehrt Eifersucht, Trennungs- und Verlustängste sind in unseren Beziehungen ständig präsent und beschäftigen uns psychisch mehr als irgendetwas sonst.

## SICHERHEIT IM AUTONOMEN NERVENSYSTEM

Die meisten Prozesse in unserem Körper laufen autonom ab. Die Natur hat sicher gut daran getan, dass wir nicht auch noch daran denken müssen, dass unser Herz weiterschlägt, wenn wir schon ständig vergessen, wo wir unser Smartphone abgelegt haben. Auch die meisten Prozesse unserer Psyche laufen ohne unser bewusstes Zutun ab. Wenn es in unserer Nähe einen lauten Knall gibt, erschrecken wir und wenden den Kopf reflexhaft der Schallquelle zu. Wenn jemand genauso aussieht wie unsere erste Liebe aus der Parallelklasse, dann können wir nicht verhindern, dass die Erinnerungen von damals in uns aufsteigen.

Der US-amerikanische Mediziner Dr. Stephen Porges nennt Wahrnehmungsprozesse, die unbemerkt von unserem Bewusstsein ablaufen, Neurozeption. Er entdeckte, dass der zum Parasympathikus gehörende Vagus-Nerv sich zu einem neuronalen System entwickelt hat, durch das unsere Mimik, Gestik und akustische Verarbeitung mit den Organen oberhalb unseres Zwerchfells verbunden sind. Sie fragen sich jetzt, was das bitte schön mit Ihren Eheproblemen zu tun hat? Nun, eine ganze Menge! Denn sobald wir eine Gefahr erkennen, dann »bereitet sich unsere Physiologie schon auf Defensivverhalten vor«. Ein Blick aus dem Augenwinkel, ein bestimmter Tonfall unserer Liebsten genügt und schon verziehen wir uns lieber in die Garage. Sozusagen klassisches Defensivverhalten. »Im Grunde«, so Porges, »funktioniert unser Körper wie ein Lügendetektor«. Wenn wir uns nicht sicher fühlen, dann beginnt sich unser Organismus auf eine Auseinandersetzung vorzubereiten. Er schaltet den beruhigenden Vagus-Anteil herunter und unser Gefühlsausdruck wird dadurch eingeschränkt.

Jetzt kann unser Liebster einen netten Scherz versuchen, um uns aufzumuntern. Aber wir können nur schwer darauf reagieren. Wir brauchen dann erst positive Zuwendung, um uns wieder besser öffnen zu können. Erst wenn wir uns gegenseitig und selbst beruhigt haben, können wir wieder konstruktive Beziehungsgespräche führen. Erst dann übernimmt unser Großhirn wieder, was uns kreativ und produktiv macht. »Entscheidend ist ... unsere Fähigkeit zu reziproker Interaktion, zu gemeinsamer Regulation des physiologischen Zustandes, und die Fähigkeit, Beziehungen aufzubauen, in denen die Beteiligten sich sicher fühlen können«, so Porges. Einseitige Beziehungen, in denen die Reziprozität, also Wechselseitigkeit, fehlt, brechen wir ab. Porges sagte in einem Interview, dass so viele Paare auf der Therapeutencouch landeten, läge daran, dass viele Menschen Verbindungen zu einem Partner eingehen, mit dem sie sich nicht sicher fühlen.

Ganz so einfach ist es wohl nicht. Aber tatsächlich wählen wir Partner nicht anhand der Sicherheitsnormen eines Gefühls-TÜVs aus. Wir suchen romantisch. Es soll sich möglichst aufregend anfühlen. Die Schmetterlinge sollen wie aufgescheucht flattern und nicht im Sicherheitskoma zusammengefaltet aufeinanderliegen. Gefühle der Bedrohung interpretieren wir in der Verliebtheitsphase leicht als erotische Erregung. Und Sicherheit suchen wir an der starken Schulter. Für die Anzeichen, dass sich deren mächtiger Besitzer auch gegen uns wenden könnte, sind wir in den Zeiten der Verliebtheit blind. Und je mehr Unsicherheit oder gar Bedrohung wir als Kind oder Jugendlicher in Beziehungen erlebt haben, umso vertrauter sind uns diese Gefühle. Und umso leichter gehen wir Beziehungen ein, in denen wir nicht geborgen sind.

Doch auf der Couch des Therapeuten landen Paare weniger durch die Nichteinhaltung von Sicherheitsstandards bei der Partnerwahl als durch das alltägliche Scheitern, eine gute und sichere Bindung miteinander zu erhalten.

### BINDUNG

Wir sind eine Spezies, der es gelingt, relativ friedlich mit achtunddreißig Millionen anderen in Tokio zu leben. Doch für unsere psychische Stabilität brauchen wir keine achtunddreißig Millionen andere. Wir brauchen feste, verlässliche Beziehungen zu einigen wichtigen anderen. Eine Zufallsbekanntschaft reicht einem Baby als Mutter nicht aus. Einen Lebensabschnittsgefährten suchen wir für fünfzehn Jahre, nicht für fünfzehn Tage. Auch wenn wir als Twens eine Phase emotionalen Nomadentums durchlaufen und begeistert durch Beziehungen torkeln, wie Kinder, denen man einen Spielzeugladen geschenkt hat. In Kindertagen sind feste Bindungen existenziell, um zu überleben. Im Erwachsenenalter sind sie entscheidend für unsere psychische Stabilität und unsere körperliche Gesundheit. Und wir sind durch die Evolution körperlich und seelisch für feste Bindungen geformt. Deshalb schaffen wir es, unsere Kids schlappe dreißig Jahre, bis sie endlich mit dem Kiffen aufhören und ihren ersten Job annehmen, liebevoll zu betreuen. Deshalb können wir einander versprechen, bis an die Grabkante zusammenzubleiben, und feiern massenhaft silberne Hochzeiten.

Unser Gehirn ist kein einsames Organ. Es sucht die Resonanz mit anderen Gehirnen. Menschen sind keine Inseln. Wer gute Beziehungen hat, der lebt nicht nur glücklicher, sondern auch gesünder und länger. In einer einzigartigen Studie der Harvard University werden 724 Männer seit 1938 erforscht. Das Ergebnis ist eindeutig. Gute Beziehungen halten uns gesund und glücklich. Einsamkeit tötet. Dabei kommt es nicht auf die Menge der Beziehungen an, sondern auf die Qualität. Die Fünfzigjährigen, die mit ihren Beziehungen am zufriedensten waren, waren als Achtzigjährige am gesündesten.

Aus Untersuchungen zur Eltern-Kind-Beziehung wissen wir, dass Bindung mehr bedeutet, als dass jemand uns ausreichend versorgt, um körperlich zu überleben. In einer gelungenen Bindung erleben wir, dass jemand unsere Bedürfnisse versteht und beantwortet. Jemand fühlt sich verlässlich in uns ein. Wer diese Erfahrung gemacht hat, der vertraut und kann sich auf feste Bindungen angstfrei einlassen.

Vertrauen ist das zentrale Gefühl, das Fundament unserer Liebesbeziehungen. Wir brauchen das Vertrauen, dass unser Partner die Beziehung zu uns wichtiger nimmt als jede andere Liebesbeziehung, ausgenommen der zu seinen Kindern. Dass er sich dafür einsetzt, dass wir ein Paar bleiben. Letztlich, dass die Beziehung das ist, was er will, dass wir es sind, die er will. In einer sicheren Bindung wissen wir, dass wir im anderen verlässlich vorkommen.

Dass wir Beziehungen aus gefühlsmäßigen Gründen eingehen und Gefühle unser Seelenleben bestimmen, ist schnell einzusehen, während das Wort »Bindungsbedürfnis« immer etwas abstrakt klingt. Gemeint ist, dass Menschen für uns da sind, wenn wir sie brauchen. Wobei das wiederum schnell nach Ausnahmezustand klingt. Tatsächlich brauchen wir andere immer: Um zu lieben, Spaß zu haben, uns nicht einsam zu fühlen, weniger Angst zu haben und uns streicheln zu lassen. Wir wissen immer, wie wir uns gerade in unserer Liebesbeziehung fühlen. Wir denken aber nicht über Bindung nach. Wir fragen uns, ob uns der andere liebt und ob wir den anderen lieben.

Bindungsbedürfnisse bedeuten, wir wollen uns sicher sein, dass die Geborgenheit, die wir gefunden haben, weiter bestehen wird. Wir suchen einen verlässlichen Bezug. Oder wie es in der Bindungsforschung gern genannt wird: Wir suchen den sicheren Hafen. Das ist ein klares Bild. Wir cruisen auf dem offenen Meer herum, fangen Fische, segeln um die Wette, lassen uns in der leichten Brise treiben. Aber sobald Sturm aufzieht, brauchen wir die schützende Hafenanlage, um dort sicher vor Anker zu gehen. Das ist unsere Bindungssicherheit. Der Hafen ist für uns da. Die Einfahrt ist nicht gesperrt, die Ankerplätze sind nicht belegt. Wir können einlaufen, wann immer es für uns wichtig ist.

Die zentrale Frage im Bindungsgeschehen lautet dann auch ganz einfach: »Bist du für mich da?«

Wir kommen mit dieser Frage auf die Welt. Und sie endet, wie wir aus vielen Untersuchungen wissen, nicht mit dem ersten Gehaltsscheck. Wir stellen sie unser Leben lang. Wir schreien und heulen nicht mehr haltlos, wenn unser Liebster ins Nebenzimmer geht. Aber falls er das Haus verlässt, ohne uns Bescheid zu geben, löst das schon Unruhe oder gar Panik in uns aus.

### ERREICHBARKEIT UND WOHLWOLLEN

»Die vielleicht wichtigste Botschaft der Bindungstheorie ist, dass emotionale und physische Isolation von Natur aus traumatisierend für Menschen ist und vom menschlichen Gehirn als Gefahr codiert wird, während beruhigende Nähe zu anderen als Sicherheit codiert wird«, schreibt die Paarforscherin Susan Johnson. Und legt damit die Grundlage, um unser Verhalten in Liebesbeziehungen zu verstehen.

Im Grunde ist es leicht nachzuvollziehen: Damit der andere für uns da sein kann, müssen wir ihn erreichen können. Wenn wir um Hilfe rufen, und er hört uns nicht, kann er nicht für uns da sein. Damit ist nicht gemeint, dass er sein Handy nie abschalten darf. Obwohl das das Mittel der Wahl ist, wenn unklar ist, wer die Kleine vom Hort abholt. Gemeint ist die gefühlsmäßige Erreichbarkeit. Hörst du mir zu? Willst und wirst du mich verstehen? Fühlst du mit mir? Ist es dir wichtig, was in mir geschieht? Unser Bindungssystem ist wie ein Systemadministrator, der ständig darauf achtet und dafür sorgt, dass unsere Verbindung zum Partner steht. Dieses Bedürfnis treibt unser Verhalten in Beziehungen an. Wenn die (Ver-)Bindung gefährdet ist, sind wir alarmiert. Und tun alles, um wieder zu einem sicheren Bindungsgefühl zu gelangen. Wir werden klein und flehend oder mächtig und fordernd. Je nachdem, welche Erfahrungen wir aus unseren ersten Bindungsbeziehungen mitbringen.

Wir streiten uns, weil sie wieder Überstunden geschoben hat und darüber vergessen hat, dass wir zum Kino verabredet waren. Wir sind fassungslos, wie leicht sie es vergessen konnte. Sie ist sauer, weil wir nicht nachvollziehen, wie viel Arbeit sich vor ihr auftürmt. Wir fühlen uns beide unverstanden, die Türen knallen. Doch hinter der Wut liegen unsere verletzten Bindungsbedürfnisse. Die Enttäuschung, dem anderen nicht wichtiger zu sein. Die Verzweiflung, dass unsere Gefühle bei ihm nicht ankommen. Der Schmerz, nicht für unsere Mühen anerkannt zu werden. Die Traurigkeit und Einsamkeit darüber, nicht verstanden zu werden.

In uns werden Ängste berührt, die in unseren Erfahrungen als Kinder und Jugendliche wurzeln. Wir fürchten, zu viel zu sein, wie für unsere überforderten Eltern. Wir fühlen uns minderwertig, nicht gut genug für unseren Partner, schämen uns für unsere Schwächen und fürchten, abgelehnt zu werden. Weil wir als Kinder beschämende, schreckliche Erfahrungen gemacht haben, als dumm, böse oder eigensinnig galten oder aus irgendeinem anderen Grund nicht geliebt wurden.

In unserer Liebesbeziehung werden diese Gefühle geweckt. Der Kuss des Traumprinzen, durch den die verwunschene Prinzessin zum Leben erwacht, weckt auch diese dunklen Gefühle. Das ist der Fluch, der auf jeder Liebesbeziehung lastet. Aber auch die Chance. Wenn der Prinz hält, was wir uns von ihm versprochen haben, dann können wir eine andere Erfahrung mit ihm machen, eine, die uns Geborgenheit vermittelt. Eine, die uns von unseren Bindungsängsten heilt. Denn Bindungsängste, das ist bewiesen, sind kein unveränderbares Schicksal.

Wenn wir es schaffen, einander zu erreichen, dann bleiben triviale Dinge triviale Dinge. Dann bleibt die Jacke, die in der Reinigung vergessen wurde, die Jacke, die in der Reinigung vergessen wurde. Sie wird nicht zum Auslöser, die Beziehung infrage zu stellen, weil wir uns durch seine Unachtsamkeit nicht geachtet und geliebt fühlen. Aber wenn wir einander nicht erreichen, dann hängt auf einem Bügel aus Draht keine vergessene Jacke aus blauem Wollstoff, sondern der bedrohliche Beweis gefährlicher Lieblosigkeit.

Wenn es um Erreichbarkeit geht, dann ist das Schlimmste, keine Reaktion zu bekommen. Wenn wir einen Streit beginnen wollten, dann müssten wir nur jeden Gesichtsausdruck unterbinden.

Und auf nichts, was der andere sagt, reagieren. Wenn wir einfach ausdruckslos blicken oder unseren Blick abwenden, dann alarmiert das unseren Partner augenblicklich. Der weltweit führende Paarforscher John Gottman hat schon vor Jahren beschrieben, woran trennungsgefährdete Paare zu erkennen sind. Es sind vier Verhaltensweisen: Kritisieren, Verachten, Abwehren und Mauern. Sie sind genau deshalb Liebeskiller, weil wir einen Partner, der sich hinter ihnen verbirgt, nicht mehr erreichen können.

Beim Kritisieren kommen wir nicht an unseren Liebsten heran, weil der nichts Besseres zu tun hat, als uns ständig aufzuzeigen, was bei uns falsch läuft. Er klagt uns an und findet uns generell nicht richtig.

Beim Verachten sind wir für den Partner bereits nicht mehr ebenbürtig. Wir werden nur noch entwertet. Er gibt uns keine Chance mehr, ihn zu erreichen. Weil er uns nicht mehr genügend wertschätzt, um uns überhaupt ernst zu nehmen.

Beim Abwehren ist unser Partner immer reaktiv. Er wendet alles direkt auf uns zurück. »Aber du, du machst doch immer genau dasselbe …«, bekommen wir zu hören. Er nimmt gar nicht mehr auf, was wir an ihn herantragen. Wir dringen nicht mehr zu ihm vor. Er verleugnet seine Anteile an unseren Konflikten.

Und dann bleibt noch das Mauern. Das ist Nicht-Erreichen pur. Der Partner reagiert nicht auf uns, so als hätten wir gar nichts gesagt, getan oder gefragt. Wir laufen vor die Wand. Genauso gut könnten wir gleich ein Gespräch mit einer realen Wand beginnen.

Wer diese Verhaltensweisen an sich wahrnimmt, der sägt an den Wurzeln seiner Beziehung. Weil er die Verbindung kappt, die für eine Liebesbeziehung lebensnotwendig ist.

Was aber noch wichtiger ist: Je zugewandter, vertrauensvoller und geborgener wir unsere Beziehung gestalten, desto weniger werden wir vom Partner eingeengt und ignoriert. In festen Beziehungen ist Freiheit das Kind der Geborgenheit. »Wir alle sind, von der Wiege bis zur Bahre, dann am zufriedensten, wenn das Leben als eine Reihe langer oder kurzer Streifzüge von der sicheren Basis aus, die unsere Bezugspersonen bereitstellen, strukturiert ist«, schrieb der englische Psychiater John Bowlby, der als Erster die Bedeutung von Bindungsprozessen erfasste. Sicher gebundene Kinder, die sich von den Eltern verstanden, angenommen und geliebt fühlen, erobern mutig und selbstbewusst die Welt um sie herum. Wenn für uns Erwachsene unser Grundbedürfnis nach guter Bindung befriedigt wird, empfinden wir Zuneigung und Liebe füreinander. Wir sind wohlwollend zueinander. Wir möchten, dass es unserem Liebsten gut geht. Wir sind tolerant gegenüber seinen Macken und bekommen nicht jedes Mal die Krise, dass er unbedingt zum Windsurfen muss, weil der Wind gerade so geil ist. Wenn wir wohlwollend sind, dann unterstützen wir uns in dem, was für jeden von uns bedeutsam ist. Wohlwollen ist der alltagstaugliche kleine Bruder der Liebe und wird oft übersehen. Dabei spüren wir genau, wann uns das Wohlwollen gegenüber dem anderen verloren geht. Immer dann, wenn wir unseren Liebsten nicht erreichen können. »Das Leben sind die Menschen, die du liebst. Niemand wird sich wegen eines iPhones dafür entscheiden, am Leben zu bleiben«, schreibt der englische Schriftsteller Matt Haig.

### DIE FREIHEIT, DEN WUNSCH NACH SICHERHEIT ZU FÜHLEN

Aber sind Sicherheit und Geborgenheit heute nicht deshalb so große Themen, weil sie uns durch soziale Umbrüche und technologische Veränderungen abhandenkommen? Suchen wir vielleicht nur mehr Sicherheit in unseren Liebesbeziehungen, weil sie uns in der Welt zunehmend verloren geht? Der Rückzug ins Private, in ein kuscheliges Beziehungsleben ist ja eine mögliche Reaktion auf ein Leben, das als unkontrollierbar und überwältigend erlebt wird.

Andererseits: Haben wir nicht in einigen Teilen dieser Welt, und auch in dem, in dem ich diese Zeilen gerade schreibe, ein hohes, beruhigendes Ausmaß an Sicherheit erreicht? Eine Sicherheit, die sich auch unmittelbar auf unsere Paarbeziehungen auswirkt. Die sexuelle Befreiung der Sechzigerjahre startete im nicht unbedingt für ausschweifende erotische Lebensfreude berüchtigten Skandinavien. Warum? Weil es dort, wie die Sexualtherapeutin Esther Perel beschreibt, die besten sozialen Sicherungssysteme gab. Frauen mussten nicht mehr aus ökonomischen Gründen mit den Vätern ihrer Kinder zusammenbleiben. Sicherheit schuf sexuelle Freiheit.

Wir haben keine arrangierten Ehen mehr. Wir heiraten nicht mehr rein aus ökonomischen oder moralischen Zwängen. Zwar bleiben unbefriedigende Beziehungen auch heute noch aus ökonomischen Gründen bestehen, weil »es sich in seidenen Kissen besser weint«, wie eine wohlhabende Klientin bemerkte, die lieber ihren sozialen Status behielt, als ihren Gefühlen zu folgen und sich zu trennen. Und auch die Verarmungsgefahr Alleinerziehender ist ganz real. Aber meistens folgen wir unseren Gefühlen. Leben in serieller Monogamie oder schlagen uns selbst zum einsamen Ritter und verzichten auf feste Bindungen. Oder »tindern« uns einfach einen (Sex-)Partner, wann immer wir einen benötigen.

Um Freiheit müssen wir mit anderen Worten nicht mehr vorrangig kämpfen. Was nicht heißt, dass wir wirklich frei sind. Was früher äußere Zwänge waren, ist jetzt eher in veränderter Gestalt in uns hineingewandert. Als Anspruch zur Selbstoptimierung, als Forderung, das Beste aus uns zu machen und eben eine perfekte Ehe zu führen. Sexuell überwältigend, emotional erfüllend, ökonomisch der Kracher.

Aber trotz des fatalen Leistungsdrucks, der auf unseren Beziehungen liegt wie die Feinstoffwolke über der Stadt, können wir unser Bedürfnis nach Sicherheit jetzt, wo wir Entscheidungsfreiheit haben, als emotionales Bedürfnis wahrnehmen. Wir suchen Beziehungen und bleiben in unseren Partnerschaften, weil wir uns dort wohlfühlen und die Vertrautheit, die emotionale Sicherheit schätzen, die uns feste Beziehungen bieten. Wir sind frei genug, unser emotionales Grundbedürfnis nach Geborgenheit wirklich anzuerkennen und zu lernen, wie es unser Verhalten in Liebesbeziehungen prägt.


## BEZIEHUNGEN HEILEN

Rabea und Peter waren gemeinsam im Theater. Anschließend fragte Rabea, ob ihm das Stück gefallen habe. Peter hatte es eher kaltgelassen. Aber weil Rabea begeistert wirkte, wurde Peter unsicher. Vielleicht hatte er es nicht richtig verstanden? Da er vor Rabea nicht dumm dastehen wollte, nuschelte er irgendwas von »ach, ging so« und sah dann schweigend aus dem Autofenster. Keine Reaktion zu bekommen ärgerte Rabea. Und statt noch wie verabredet beim Italiener einen Rotwein zu trinken, steuerte sie das Auto gleich wütend nach Hause.

Als wir über diese Situation sprechen, ist Peter zerknirscht. Diese Situationen sind ein Dauerthema bei ihnen. Er verzieht sich in sein Schneckenhaus. Und Rabea steht dann hilflos und wütend davor. Peter meint, er werde wohl besser noch mal eine Therapie machen, um an seinen Minderwertigkeitsgefühlen zu arbeiten. Ich mache ihm einen anderen Vorschlag. Ich schlage ihm vor, die Beziehung als den Ort der Veränderung zu verstehen. Und statt noch weiter aus der Beziehung herauszugehen, um in einem Therapieraum endlich der Mann zu werden, der er meint, sein zu müssen, gleich in der Beziehung zu bleiben, und der Mann zu werden, der er ist.

Eine Beziehung ist die beste Heilerin, die wir kennen. Sonst würden Psychotherapien und ärztliche Gespräche nicht helfen.

Wir wissen um die positiven Auswirkungen, die Beziehungen auf unsere Gesundheit und unsere Heilungsprozesse haben. Und wir wissen auch, dass wir durch positive Beziehungserfahrungen sogar unsere grundsätzlichen Bindungsmuster verändern können. Doch so wichtige, manchmal lebensverändernde Erfahrungen werden wir nur machen, wenn wir in die Beziehung investieren.

Peter hatte die Gelegenheit dazu; statt stumm auf die Fahrbahn zu schauen, hätte er sagen können, dass er gerade wieder genau das Gefühl bekommt, das er kennt. Dass er sich sorge, Rabea würde etwas Großartigeres von ihm erwarten. Darüber hat er mit Rabea schon einige Male gesprochen. Es wäre keine Enthüllung. Aber er fühlt Scham. Und dieses Gefühl gegenüber Rabea zu äußern würde die Möglichkeit schaffen, dass die Beziehung heilen kann. Unsere Beziehungen heilen uns, wenn wir erleben, dass uns unsere Partner annehmen.

Unser Partner kennt unsere Schwächen längst. Aber wir sind, wie Peter, zu sehr damit beschäftigt, unsere Probleme selbst lösen zu wollen. Wir wollen anders, besser sein. Angstfreier, souveräner, verständnisvoller. Wir haben Angst, unserem Liebsten nicht zu genügen, nicht gut genug für ihn zu sein. Doch statt zu versuchen, diese Ängste alleine zu lösen, können wir sie teilen, wenn wir sie in der Gegenwart des Partners erleben. Das ist der Königsweg. Er ist nicht einfach. Er ist intim. Er ist unsere Chance.

## NICHT DASS, SONDERN WIE

Corinna entschuldigt sich. Sie war mit Gert auf einer Party. Das Übliche, Alkohol und viele Worte. Corinna hatte kichernd zum Besten gegeben, wie sorgfältig Gert Klappstühle vor der Tür ihres Ferien-Bungalows aufgeschichtet hatte. Damit Einbrecher ordentlich Lärm machen würden. Und wie sie einen Scheißschreck bekommen hätten, als nachts alles zusammenbrach. Natürlich kein Einbrecher weit und breit. Hahaha. Gert war darüber verletzt und wütend. Wieso sie das erzähle? Was das solle? Sie fand erst mal, er stelle sich an. Worauf sie sich das restliche Wochenende anschwiegen. Aber jetzt gerade sagt Corinna: »Ja, das war blöd von mir! Es tut mir leid, ich verstehe, dass dich das verletzt hat.« Gert nickt, schaut sie zögernd an. »OKAY.« Er lächelt vorsichtig.

»Okay? Wirklich?«, frage ich. »Dass Sie sich versöhnen, ist schön, aber, Corinna, wissen Sie wirklich, was genau Gert gekränkt hat?« Das Paar schaut mich fragend an.

Unser inneres Leben ist nicht sichtbar. Niemand kann in uns hineinblicken. Um nicht einsam und isoliert zu sein, brauchen wir andere, die unser Innenleben verstehen wollen. »Du verstehst mich!« ist ein erfüllendes Gefühl. Denn es ist die Gewissheit, den anderen erreicht zu haben. Wir sind nicht allein.

Das Gefühl von Nähe und Verbundenheit stellt sich ein, wenn wir unseren Partner tatsächlich verstehen. Und umgekehrt, wenn wir uns verstanden wissen. Diese Gewissheit herzustellen ist im Grunde einfach. Es geschieht aber in Beziehungen meistens nicht. Gerade weil wir davon ausgehen, dass wir einander gut kennen und verstehen, glauben wir, *dass* wir den anderen verstehen. Und belassen es beim »Ja, das verstehe ich.« Doch wir können nur sicher sein, einander richtig verstanden zu haben, wenn wir beschreiben, *wie* wir einander verstanden haben. Wie, glauben wir, hat der andere die Situation erlebt? Und welche Gefühle wurden dadurch in ihm ausgelöst? Sobald wir erfragen, ob unser Verständnis korrekt ist, kann uns unser Partner bestätigen oder uns korrigieren. Dann erst wissen wir, wir haben richtig verstanden. Und unser Partner weiß erst dann, dass er wirklich verstanden wurde.

Corinna formulierte, was aus ihrer Sicht Gert so gekränkt hatte. Sie nahm an, er sei verletzt, weil sie ihn vor den anderen Gästen lächerlich gemacht habe. Aber Gert hat seine ängstliche Seite akzeptiert. Er glaubte, Corinna verachte ihn. So wie er schon die Liebe seines Vaters nie bekommen hatte, weil er nicht der Draufgänger war, den sich sein alter Herr gewünscht hatte. Das hatte ihn getroffen. Als Corinna das verstand, konnte sie ihm versichern, dass sie ihn nicht wegen seiner Ängstlichkeit ablehnte. Sie war manchmal irritiert darüber, aber sie fand es mutig, wie offen er damit umging und respektierte ihn dafür.

Jeder Konflikt, jedes Missverständnis ist eine Möglichkeit, uns besser zu verstehen und tiefer kennenzulernen. Doch Krisen werden nur zur Chance, wenn wir darauf achten, uns nicht nur mitzuteilen, *dass,* sondern *wie* wir einander gerade verstehen.

Die Liebe macht einen guten Job. Wenn wir ihr erlauben, tätig zu werden. Beziehungen werden intimer, geborgener, wenn wir die Ängste teilen, die wir voreinander haben. Wenn wir in die Beziehung hineingehen, dann liegt dort die Heilung.

## MAN MUSS DAS GUTE RISKIEREN, UM ES ZU ERHALTEN

Das Paar hatte eine gute Zeit. Sagt er. Die letzten zwei Wochen kein Angezicke, keine Dramen. Simon wirkt erleichtert. Denn manchmal liegen er und Svenja wochenlang miteinander im Streit und gehen sich aus dem Weg. Sie sind dann beide verzweifelt, aber unfähig aufeinander zuzugehen. Verständlich, dass er eine konfliktfreie Zeit als große Erleichterung erlebt. Aber kein Unglück ist noch kein Glück. Kein Streit noch keine Harmonie. Ich wende mich an Svenja. Sie fand die Stimmung auch entspannt. Aber dann zögert sie und sagt: »Da ist noch etwas. Aber ich habe Angst, dass ich die gute Stimmung gleich wieder kaputt mache, wenn ich das jetzt anspreche.«

Unter Paarkonflikten leiden wir so intensiv wie unter kaum etwas anderem. Deshalb sind wir, gerade als Paar, das häufiger Konfliktzeiten miteinander durchlebt, heilfroh, wenn wir eine Zeit lang gute Gefühle füreinander haben. Weil wir erlebt haben, wie schnell sich scheinbar aus dem Nichts ein Streit aufbauen kann, gehen wir vorsichtig miteinander um.

Wir nehmen uns zurück, gehen mehr auf unseren Partner ein – was durchaus als Fortschritt verstanden werden könnte. Doch sind weder die Nähe noch das Vertrauen zueinander wirklich gewachsen. Wir haben nicht mehr voneinander verstanden, keine schwelenden Konflikte gelöst und schon gar keine alten Verletzungen vergeben. Es ist nur ein Stillstand. Im Grunde warten wir ab, bis unser harmonisches Kartenhaus wieder zusammenfällt. Und hoffen, dass es bis dahin möglichst lange dauert. Unser krampfhaftes Festhalten an der einmal gewonnenen Harmonie hat aber noch einen anderen Grund. Menschen vermeiden Verluste um jeden Preis. Einmal Gewonnenes geben wir nur sehr schwer wieder auf. Dabei ist es egal, ob wir zu lange an einst einträglichen Aktien oder an der einmal erlangten guten Stimmung in unserer Beziehung festhalten. Wir handeln nicht, weil wir einen Verlust so lange wie irgend möglich hinauszögern wollen.

Dabei ist eine entspannte Paarsituation die beste Chance, die ein Paar hat, um zueinanderzufinden. Im Streit reagieren wir aus unserem schnellen emotionalen System heraus und sind weitgehend unfähig, unsere Gefühle zu steuern. Das ist aber nötig, um sich füreinander zu öffnen. In harmonischeren Phasen können wir auch damit rechnen, dass unser Partner akzeptierend und entgegenkommend reagiert. Es ist also der viel geeignetere Moment, um in einer unsicher gewordenen Sexualität einen Verführungsversuch zu wagen. Oder Konfliktthemen wie Geld oder den Einfluss der Schwiegermutter gemeinsam anzugehen.

Häufig hilft es schon, die Situation zu beschreiben. Anzuerkennen, dass es sich gerade gut anfühlt, wir aber noch unsicher und vorsichtig sind. Und zu formulieren, dass es doch jetzt viel leichter sein sollte als im aufgebrachten Zustand, miteinander zu sprechen. So können wir das Einverständnis des anderen gewinnen, jetzt ein schwieriges Thema anzugehen. Allein in dieser Weise auf unseren Partner zuzugehen ist ein wirkungsvolles Zeichen von Vertrauen. Wenn wir gemeinsam eine Chance haben wollen, dann müssen wir lernen, das Gute zu riskieren, um es zu erhalten.

## FRAGEN IST
## EINE FRAGE DER LIEBE

Martin dreht den Wohnungsschlüssel zögerlich um. Er war auf Geschäftsreise. Mit seiner Kollegin, auf die Vera eifersüchtig ist. Martin reist häufiger mit dieser Kollegin. Er kann Vera nicht überzeugen, dass er seine Kollegin mag, aber keine tieferen Gefühle für sie hat. Jeden Tag hat er Vera eine Nachricht geschickt. Aber sie hat nur einmal ganz kurz geantwortet. Jetzt tritt er in die Küche und nimmt sie in den Arm. Sie löst sich nach ein paar Augenblicken, schaut ihn an und fragt: »Na, hast du mich vermisst?« Martin ist irritiert. »Ja«, sagt er zögerlich, »ja klar, habe ich.« Veras Augen werden schmaler. »Ich glaube dir kein Wort!«, sagt sie und rennt aus der Küche. Martin hebt seine Reisetasche vom Boden und knallt sie auf den Tisch.

Eine gute Frage ist mehr wert als tausend Antworten. Sagt ein Sprichwort. In Liebesbeziehungen sind Fragen der Schlüssel zum anderen. Über Fragen bleiben wir in Verbindung mit der Innenwelt des anderen. Wenn es Konflikte gab, stellen wir über Fragen den Kontakt wieder her. Wir teilen uns natürlich auch ungefragt mit. Aber erst durch seine Fragen wissen wir, ob der andere an uns denkt und mit uns fühlt. Erkundigt er sich nach dem, was uns beschäftigt? Will er wissen, was in uns vorgeht? Seine Fragen zeigen uns, ob wir ihm wichtig sind.

In längeren Beziehungen verfestigt sich das Bild leicht, das wir uns von unserem Liebsten gemacht haben. Wenn er uns nicht küsst, dann ist er sauer. So ist er nun mal. Aber ist das wahr? Vielleicht hat er nur lange nichts gegessen und möchte uns seinen Mundgeruch nicht zumuten. Fragen schützt uns vor falschen Interpretationen. Und Fragen sind die beste Medizin gegen unsere Beziehungsängste und Fantasien. Fragen halten eine Beziehung lebendig. Aber Frage ist nicht gleich Frage.

»Hast Du mich vermisst?« Vera fragt ab, was sie selbst beschäftigt hat. Was aber in Martin vorgegangen ist, erfährt sie nicht. Sie würde es erfahren können, wenn sie offener fragte: »Wie ist es dir ergangen mit uns?« Viele Fragen sind nicht nur zugespitzt, sondern mehr oder weniger getarnte Anklagen (»Wieso musst du deine T-Shirts immer überall rumliegen lassen?«). Oder es sind verdeckte Vorwürfe (»Wie oft müssten wir denn Sex haben, damit du zufrieden bist?«).

Wenn wir fragen: «Wie war dein Tag?» »Was beschäftigt dich gerade?«, erfahren wir auch die Dinge, die in unserer Vorstellungswelt gar nicht enthalten waren. Solche offene Fragen sind wie Einladungen. Paare brauchen sie im Alltag, um ihr »Wir« ständig upzudaten. Wir haben bei Fragen nie die Garantie, eine Antwort zu bekommen. Deshalb empfehlen die Paartherapeuten Surrey und Shem einen »Check-in«. Die Partner vereinbaren, »einchecken« zu dürfen. Wer unsicher ist, darf nachfragen, was im Partner vor sich geht. Und die Vereinbarung ist, dass der Angesprochene auch antwortet.

Fragen sind zu wertvoll, um unbedacht mit ihnen umzugehen.

Es ist wichtig, dass wir einander Fragen stellen. Es ist aber auch wichtig, wie wir einander Fragen stellen. Im doppelten Sinne sind Fragen eine Frage der Liebe.

## DIE ZEIT HEILT KEINE BEZIEHUNG

»Ich dachte, das wird schon wieder.« Gunnar sieht ein wenig so aus wie das, was er gerade beschreibt: ein großes Rätsel, das sich irgendwie lösen soll. Ich frage nach: »Haben Sie wahrgenommen, dass Cynthia immer unzufriedener wurde?« »Ja, schon.« »Und wie ging es Ihnen damit?« »Na ja, ich wusste nicht weiter.« »Was ist dann in Ihnen vorgegangen?« »Ich dachte, jetzt ist es erst mal so, mit den kleinen Kindern und der Jobsuche und so. Ich dachte, da müssen wir jetzt durch. Und irgendwann wird das schon wieder anders.« Cynthia fällt ein: »Echt, erst habe ich ja auch gedacht, wir brauchen einfach Zeit, aber dann habe ich so oft gesagt, dass mir Nähe fehlt, Zärtlichkeiten, Sex. Ich hab das so oft gesagt. Ich bin ja schon immer extra nur im Slip vor ihm rumgelaufen. Ich dachte, irgendwann muss er doch reagieren.«

Gunnar hatte wirklich geglaubt, die Zeit würde es schon richten. Wenn sie die Nächte wieder für sich hätten. Wenn er einen neuen Job und sie beide die finanzielle Sicherheit wiederhätten. Doch mit jedem Tag, der in der überfordernden Dreisamkeit mit Baby verging, wuchs das schmerzhafte Gefühl, einander nicht mehr nah zu sein. Der Schmerz darüber, nicht mehr verbunden zu sein, beginnt alle anderen Enttäuschungen zu übertönen. Wir kennen es, wenn es einen verletzenden Streit gab und keiner einlenkt. Wenn uns Zärtlichkeit fehlt, aber der andere sie nicht vermisst.

Wenn wir uns im Alltagschaos verloren haben und nicht die richtigen Worte und Gesten finden, um wieder näher und intimer miteinander sein zu können.

Die Zeit, so heißt es, heilt viele Wunden. Aber eine verletzte Beziehung gehört nicht dazu. In Paarkrisen können wir nicht, wie bei anderen Verlusten und Kränkungen, darauf setzen, dass wir sie innerlich verarbeiten werden und lernen, damit umzugehen. Denn jede Begegnung mit unserem Partner stimuliert immer wieder unsere Gefühle. Der Schmerz des Unverbundenseins ist in seiner Gegenwart immer präsent. Er ist wie ein ständiger Stachel und unsere Gefühle sind wie eine Wunde, die immer wieder aufreißt. Selbst wenn wir resignieren und abstumpfen, stumpft nur unsere Beziehung mit ab. Und wir fühlen uns noch unverbundener. Wenn wir uns vor weiteren Enttäuschungen schützen wollen oder sie einfach aushalten, wie Gunnar, werden wir nur noch unerreichbarer füreinander. Beziehungskonflikte wachsen ständig weiter. Deswegen heilt eine Beziehung nicht von alleine, sondern nur, wenn wir uns beide aktiv bemühen, wieder zueinanderzufinden.

Aber müssen wir nicht manchmal schlicht aushalten, dass wir nicht glücklich miteinander sind? Gewiss. Wir brauchen in Krisen den langen Atem, der uns durch endlose Klärungsgespräche oder gar auf die Couch des Paartherapeuten führt. Wir müssen aushalten, dass sich unsere Träume und Erwartungen nicht erfüllt haben. Aber wir müssen es gemeinsam tun. Durchzuhalten macht nur Sinn, wenn wir auch über unser Aushalten in Verbindung bleiben. Selbst wenn wir ratlos sind, solange wir unsere Unzufriedenheit teilen und einander damit nicht alleine lassen, bleibt unsere Beziehung heil. Die Zeit allein dagegen heilt keine Beziehung.

## WER DIE LIEBE SUCHT,
## DEN FINDET SIE

Regine zieht ihre Beine ganz eng an den Körper. Ihre Augen sind starr auf die eigenen Knie gerichtet. Ihr gegenüber sitzt Wulf, ihr Mann, mit hängenden Schultern. Er sucht ihren Blick. Sie schweigen. Sie müssen nicht sagen, dass sie verzweifelt sind. Schließlich frage ich sie, was geschieht. Regine beginnt zu sprechen. Jetzt weint sie. Sie könne Wulf nicht vertrauen. Könne sich ihm nicht öffnen. Sie wisse nicht, was es ist. Aber sie fühle es genau. Ja, es habe viele unschöne Vorwürfe gegeben, aber das allein sei es nicht. Jetzt steigen auch Wulf die Tränen in die Augen. Er schüttelt den Kopf. »Ich will das nicht«, sagt er. Und nach einer Pause: »Aber dann geht es wohl nicht mehr. Und dann können wir das hier wohl auch lassen.«

Wenn uns selbst oder unserem Partner das Gefühl für unsere gegenseitige Liebe abhandenkommt, sind wir entsetzt, verzweifelt und hoffnungslos. Wie Wulf befällt uns das Gefühl, jetzt sei alles vorbei.

Es ist verständlich, dass Paare wissen möchten, welcher Aufwand an Geld, Zeit und Energie auf sie zukommen wird, wenn sie eine Paartherapie beginnen. Doch es ist nur scheinbar die Frage danach, wie viel Arbeit die Liebe erfordert. Dahinter schwingt eine viel grundlegendere Skepsis mit. Kann man überhaupt an der Liebe arbeiten? Kann eine Liebe, die kaum noch fühlbar ist, wiederbelebt werden? Liebe ist schließlich ein Gefühl. Und Gefühle haben wir oder nicht. Wir erleben sie. Aber wir machen sie nicht. Liebe ist eine Schicksalsmacht, die dort aufblüht, wo Eros wie ein kleiner trunkener Kobold seine Pfeile schießt. Und wenn sie vergangen ist, was soll da mühsame Beziehungsarbeit bringen? Wir können doch keine Liebe basteln, auch nicht mit noch so vielen Therapiesitzungen. Liebe und Beziehungsarbeit, das scheint so gut zusammenzupassen wie eine Autobahnauffahrt und eine Mozart-Oper.

Tatsächlich können wir die Liebe nicht kontrollieren, sie kontrolliert uns. Wir können nicht ins Internet oder in die nächste Bar gehen und entscheiden, dass wir jetzt jemanden lieben wollen. Und schon gar nicht, dass uns jemand lieben soll. Auch in unseren langjährigen Liebesbeziehungen können wir nicht entscheiden, dass die Liebe wieder ins erkaltete Ehebett einzieht. Aber so wenig wir uns verlieben werden, wenn wir nie ein Date machen oder nicht aus dem Haus gehen, so wenig werden wir in unserer langjährigen Beziehung glücklich werden, wenn wir uns nicht um unsere Liebe bemühen.

Es gibt keinen festen Plan dafür, dem wir folgen können und der uns folgerichtig wieder Liebe erleben lässt. Aber wir können, und wir müssen, uns immer wieder umeinander bemühen. Immer wieder unsere Nähe überprüfen, ihr Fehlen besprechen, daran arbeiten, sie uns zu erhalten. Es gibt keine Garantie, dass es uns gelingt. Denn wir können nicht mit den bewussten Funktionen unseres Großhirns auf unsere Gefühlszentren zugreifen. Aber wir verstehen mittlerweile, dass, wenn wir uns bewusst füreinander öffnen, wenn wir wieder in eine positive Verbindung kommen, sich auch unsere Gefühle wieder öffnen. Wir können Liebe nicht direkt erschaffen. Wir können nur den Boden bereiten, auf dem sie aufgehen und weiter wachsen kann. Die Himmelsmacht der Liebe und die alltägliche Aufmerksamkeit füreinander, die oft mühsame Beziehungsarbeit sind kein Widerspruch. Denn wer die Liebe sucht, den findet sie.

# III

# ESKALATION

Eine Beziehung ist keine Handtasche und auch kein Cabrio. Eine Beziehung kann man nicht messen oder wiegen. Eine Beziehung ist kein Ding, sondern ein Prozess, der durch Kommunikation, aus Interaktion besteht. Wir können auch eine Beziehung zu einer Handtasche haben, aber die beruht dann auf innerer Kommunikation. Manche haben eine stärkere Beziehung zu ihrem Cabrio als zu ihrem Partner. Was wir kritisch beurteilen, aber auch nachvollziehen können. Denn es ist die leichtere Beziehung. Was das Mitglied eines Cabrio-Klubs vermutlich völlig anders sieht. Im Sinne einer Partnerschaft, einer Liebesbeziehung ist die Liebe zu einem Cabrio eher eine Flucht und keine Beziehung. Denn ein Cabrio stellt uns nicht infrage. Mit einem Cabrio führt man keine Beziehung auf Gegenseitigkeit.

Die Beziehung eines Paares nehmen wir am Verhalten der beiden Partner wahr. Wie sie mit den Augen rollt, wenn er über ihre letzte Sitzung bei der Paartherapeutin spricht. Wie er etwas zurückweicht, wenn sie ihm den Arm auf die Schulter legt. Als Beobachter denken wir vielleicht, dass sie noch verdammt viele

Sitzungen Paartherapie brauchen. Was die beiden vielleicht auch denken. Aber anders als ein Beobachter reagieren sie emotional stets unmittelbar auf das Verhalten ihres Partners. Auf jede Reaktion des einen reagiert der andere. Und darauf reagiert wieder der Erste.

Sie fragt ihn, ob er schon den Tisch für Mittwoch bestellt hat. Und er sagt, nein, aber er werde es noch machen. Doch sie ist unsicher, ob er nicht viel lieber vor dem Champions League-Halbfinale hocken und Bier trinken würde, als mit ihr, wie versprochen, essen zu gehen. Denn für sie läuft ihre Beziehung gerade nicht rund, sie empfindet ihn als abweisend. Sie hat ihn schon darauf angesprochen, aber er sagte nur, es sei alles okay, und was sie denn nun schon wieder habe. Sie hat dann nicht weitergefragt, um ihn nicht zu verärgern. Aber es hat sie nicht beruhigt. Also sagt sie jetzt: »Wenn du keine Lust hast, dann sag es bitte gleich!« Er, der ja weiß, dass sie sich von ihm in letzter Zeit vernachlässigt gefühlt hat, will sie nicht weiter enttäuschen. Also schwört er Stein und Bein, dass er unbedingt mit ihr essen wolle. Seine überzogenen Beteuerungen bestätigen sie nur in ihrem Misstrauen, weshalb sie noch einmal nachfragt. Worauf er genervt reagiert. Denn es macht ihn hilflos, ihr Misstrauen nicht aus der Welt schaffen zu können. Seine unwirsche Reaktion bestätigt ihre Unsicherheit. Sie sagt, dass sie unter diesen Umständen ohnehin keine Lust mehr habe. Worauf er dann trotzig erwidert: »Na gut, dann eben nicht!«. Jetzt fühlt sie sich so schmerzhaft zurückgewiesen, dass sie ihn fragt, ob er überhaupt noch mit ihr zusammen sein will. Dass sie die Beziehung plötzlich grundsätzlich infrage stellt, fühlt sich für ihn sehr bedrohlich an. Und er wehrt diese Verunsicherung auf seine gewohnte Art ab. Er wird noch ärgerlicher, fühlt sich ungerecht behandelt und schnauzt, dass er die Nase voll habe.

Dann verduftet er und spielt mit seinem Kumpel das Champions League-Halbfinale schon mal auf der Konsole durch.

Nach dieser misslungenen Interaktion ist sie sich seiner Zuneigung noch weniger sicher. Sie wird versuchen, wieder Sicherheit zu finden. Bei der nächsten Gelegenheit wird sie ihn fragen, ob er sie noch liebt. Durch ihre Frage fühlt er sich dann sofort wieder bedroht, ist alarmiert und zögert einen Augenblick, um nichts falsch zu machen. Denn er will vermeiden, dass sich ihre Beziehung noch weiter verschlechtert. Sein Zögern hat sie aber bereits darin bestätigt, was sie ohnehin glaubt: Er liebt sie nur noch, wenn er Sex mit ihr haben kann. Das macht sie wütend, aber auch noch unsicherer. Was eine neue Runde in ihrem Beziehungstanz auslöst. Sie wird noch mehr herausbekommen wollen, welche Gefühle er wirklich für sie hat. Er wird weiter versuchen, sie zu beruhigen und möglichst wenig sagen, außer dass doch alles gut sei. Denn er hat ja erlebt, dass seine Beteuerungen allesamt nicht ankamen, sondern im Gegenteil offenbar alles noch schlimmer machen. Das empfindet sie natürlich wieder als ausweichendes Vertrösten, was … wir ahnen es schon, den Teufelskreis nur noch weiter verstärkt.

Je mehr sie zweifelt, umso vorsichtiger reagiert er. Je vorsichtiger und gebremster er reagiert, umso mehr zweifelt sie und bohrt nach. In jedem Paar entstehen solche eskalierenden Kreisläufe und nehmen die Partner gefangen. Wir können solche sich selbst verstärkenden Prozesse nicht verhindern. Sobald es Konflikte gibt, steigern sie sich noch. Weil jetzt mehr von einem mit noch mehr vom anderen beantwortet wird. Wenn beide Partner entspannt und unvoreingenommen aufeinander reagieren könnten, wäre es leicht, die Eskalation aufzuhalten. Doch wir reagieren emotional. In unseren Gefühlen sind unsere Erfahrungen miteinander abgespeichert. Was ungelöst ist, bleibt als wunde Stelle in uns zurück. Und sobald unser Partner sie berührt, reagieren wir sofort mit aller Intensität.

Seit Sigmund Freud wissen wir, dass wir fatalerweise unsere Probleme meistens dadurch zu lösen versuchen, indem wir »mehr vom Gleichen« machen. Wir zweifeln eher an unserem Partner und seinem Verhalten als an unserer Art, das Problem lösen zu wollen. Also versuchen wir es auf die immer gleiche Art immer wieder und nur noch intensiver. Wenn der Partner nicht liebevoll ist, dann suchen wir Zuwendung, indem wir besonders lieb sind. Was ihm ziemlich auf den Senkel geht, weil er sich dadurch bedrängt fühlt. Wir nehmen seinen Rückzug wahr und versuchen, noch liebevoller zu sein und werden dadurch noch anhänglicher, worauf er noch mehr die Flucht ergreift. Wenn es schwierig wird, greifen wir fast immer zu alten Erfolgsstrategien aus Kindertagen oder früheren Beziehungen. So haben wir Daddy immer rumgekriegt. Aber das durchschauen wir nicht. Sondern wir sind überzeugt, dass es so gehen muss, und wir uns nur noch ein wenig mehr anstrengen müssen, um Erfolg beim Partner zu haben.

### RÜCKZÜGLER UND ANGREIFER

In der unausweichlichen Eskalation entstehen zwei Verhaltenspositionen: Der Rückzügler und der Angreifer. Der Angreifer ist der Fordernde, der seinen Partner erreichen möchte. Er tut alles, damit er beim Gegenüber mit seinen Anliegen ankommt. Der Rückzügler reagiert kaum oder sparsam. Aber nicht aus Boshaftigkeit, sondern aus Sorge, dass alles noch schlimmer wird. Er fühlt sich durch die Forderungen des Angreifers unter Druck gesetzt. Um sich selbst zu schützen und die Beziehung stabil zu halten, versucht er, Konflikte kleinzuhalten. Was den Konflikt dann steigert, denn der Angreifer sucht ja gerade verzweifelt nach einer Reaktion.

Wir können leicht erkennen, dass sich verschiedene Konstellationen ergeben können. Die häufigste, quasi klassische Konstellation, ist die, in der es einen Angreifer und einen Rückzügler gibt. Dann die, in der es zwei Angreifer gibt. Was zumeist eine lautstarke Beziehung ist, in der ständig miteinander gekämpft wird. Wenn beide zu Rückzüglern werden, dann ist es eher still und schweigsam in der Beziehung. Niemand will etwas falsch machen, beide halten sich zurück. Vielleicht fragen Sie sich, wie es sein kann, dass beide Rückzügler werden. Häufig gab es dann einen Angreifer in der Beziehung, der aber irgendwann resigniert hat und sich seitdem auch zurückzieht. Zwei Angreifer entstehen leicht, wenn keiner es gewohnt ist, auch nur ein Stück zurückzuweichen. Und die gegenseitige Wut alle anderen Gefühle überlagert.

Innerhalb einer Beziehung können auch gegenläufige Muster bestehen. Der Klassiker: der Mann, der sich emotional zurückzieht, der aber in der Sexualität der fordernde Angreifer ist. Während die Frau, weil sie sich emotional nicht gut aufgehoben fühlt, hier zur Rückzüglerin wird.

Es ist wichtig zu verstehen, dass wir vielleicht die Tendenz haben, zurückhaltend oder fordernd zu sein. Aber Rückzügler und Angreifer sind Positionen, die in einer Beziehung entstehen, keine Charakterzüge. Jemand kann durchaus in seiner ersten Ehe eher verhalten und eingeschüchtert gewesen sein, aber in seiner neuen Partnerschaft eher fordernd sein. Die Positionen, in die wir geraten, sind mächtig und wirkungsvoll. Sie bestimmen unser Verhalten. Wir werden immer stärker in eine einseitige Position gedrängt. Die sich gegenseitig verstärkenden emotionalen Prozesse sind so machtvoll, dass wir uns selbst fremd werden können. Wir igeln uns dann so schnell ein, sind so zurückgezogen und in uns eingemauert, wie wir uns sonst nicht kennen. Oder wir reagieren sofort genervt und wütend auf unseren Partner, flippen so plötzlich und heftig aus, dass wir selbst erschrecken und uns dafür verurteilen. Partner sagen dann: »Ich hasse es, so bin ich gar nicht. Aber in unseren Konflikten gehe ich sofort durch die Decke.« Die Eskalationsprozesse in einer Partnerschaft sind stark. Sie beherrschen uns, wenn wir sie nicht beherrschen.

### IN WELCHER POSITION BIN ICH GEFANGEN?

In der *Angreifer-Position* habe ich das Gefühl, dass ich mich bemühe und stets um die Beziehung kämpfe. Ich gehe immer wieder auf meinen Partner zu, versuche unendlich oft, ihn zu erreichen. Ich möchte mich ernst genommen fühlen, dass mein Partner auf mein Anliegen eingeht. Ich bin enttäuscht, dass immer ich es bin, die alles ansprechen muss. Ich mache mir viele Gedanken, wie sich unsere Beziehung verbessern ließe. Aber meinen Partner scheint das weniger zu interessieren. Seine Ignoranz macht mich wütend. Ich habe oft das Gefühl, er sei gar nicht so an unserer Beziehung interessiert wie ich. Ich habe das Gefühl, von seinem Innenleben ausgeschlossen zu sein. Ich bin irgendwie falsch. So wie ich bin, bin ich nicht liebenswert. Es fühlt sich an, als sei ich meinem Partner zu viel.

Es hilft Ihrer Beziehung, wenn Sie andere Wege suchen, sich in ihre Partnerschaft einzubringen. Statt wütend zu sein, können Sie Ihre darunterliegende Enttäuschung äußern. Sprechen Sie mehr über Ihre eigenen Gefühle, besonders Ihre schmerzhaften Gefühle, statt Ihrem Partner Vorwürfe zu machen. Teilen Sie, was Sie traurig, verzweifelt und einsam macht. Zeigen Sie Ihre Verletzung und Ihren Schmerz, aber nicht, um den anderen unter Druck zu setzen, sondern um ihn an Ihren Gefühlen teilhaben zu lassen. Wichtig daran ist zunächst nicht, was Sie erreichen, sondern dass Sie sich weniger fordernd in die Beziehung einbringen. Wenn Sie weiter in Ihrer Position verharren, setzen Sie ihren Partner nur weiter unter Druck. Und Sie wissen, wie er darauf reagiert.

In der *Rückzügler-Position* verstumme ich häufig. Ich weiß in Auseinandersetzungen häufig nicht weiter. Ich spreche Dinge eher nicht an und hoffe meist, dass sich über die Zeit alles von alleine regelt. Ich finde, dass vieles von meinem Partner auch übertrieben wichtig genommen wird. Man kann Dinge auch zerreden und dann wird alles nur noch schlimmer. Ich habe eine untergründige Sorge, dass mein Partner bei der nächsten Gelegenheit wieder aggressiv werden könnte. Ich fürchte seine Unzufriedenheit. Dann fühle ich mich ungenügend, dass ich seine Bedürfnisse und Erwartungen nicht erfüllen, seinen Anforderungen nicht entsprechen kann. Ich habe das Gefühl, ich reiche meinem Partner nicht aus.

Als Rückzügler fühlen Sie sich eher hilflos, ratlos, ausgeliefert und alles andere als mächtig. Aber tatsächlich besitzen Sie weit mehr Macht, als es Ihrem Gefühl entspricht. Wer für den Partner nicht erreichbar ist, der ist dadurch mächtig. Auch wenn Sie die Macht nicht spüren. Vertreten Sie Ihre Gefühle und Meinungen deutlicher. Seien Sie aktiver in der Beziehung. Machen Sie den Zustand Ihrer Beziehung zu Ihrem Anliegen. Sie haben, wie jeder andere, ein Gefühl dafür, wie es Ihnen in Ihrer Liebesbeziehung gerade geht. Behalten Sie das nicht für sich, sondern bringen Sie es von sich aus vor. Seien Sie proaktiv, d. h. von sich aus aktiv, bevor eine Situation entsteht, auf die Sie reagieren müssen. Ihr Partner ist verzweifelt, weil er nicht weiß, was in Ihnen vorgeht. Für Ihre Beziehung ist es wichtig, dass Sie ihren Partner nicht allein lassen, sondern Ihre Sicht der Dinge, Ihre Bedürfnisse klarer einbringen. Zeigen Sie sich mehr. Riskieren Sie es, Ihre Ängste zu äußern. Sie müssen keine Lösung parat haben, um etwas anzusprechen. Sie dürfen widersprüchlich sein und sind nicht alleine für die Beziehung verantwortlich.

Aus unseren Beziehungspositionen kommen wir alleine nur schwer heraus. Gemeinsam ist es leichter. Wenn wir unseren Teufelskreis gemeinsam durchschauen und voneinander wissen, welche Position wir übernommen haben, dann hilft es, einen Namen für unsere Sackgassen-Kommunikation zu finden. »Hey, ich merke gerade, wie ich in unsere »Hick-Hack-Spirale« gerate.« Hick-Hack, Tornado, Stierkampf, Eiertanz. Sobald Ärger in uns aufzusteigen beginnt oder wir vorsichtig werden und uns innerlich wappnen, können wir es dann benennen. Sobald sich Anspannung und Aufregung in uns breitmachen, und wir viel mehr mit unseren Gefühlen beschäftigt sind als mit dem, was unser Partner zu uns sagt.

**WUT**

Wut ist das häufigste Gefühl, das wir dann erleben. Am liebsten würden wir unser Anliegen in den Kopf unseres Liebsten hämmern. Auch als Rückzügler. Nur dass wir als Rückzügler aus der Wut entweder massiven Trotz formen oder erst zurückschlagen, wenn wir uns unerträglich hart angegriffen fühlen.

Wut ist ein wichtiges Signal dafür, dass wir in unser Muster verstrickt sind. Wir spüren unseren Wut-Pegel rasant steigen, wenn unser Partner seine altbekannte Klage anstimmt, dass er immer auf uns zugehe, wir ihn aber immer zurückwiesen. Wir hören darin, wie schlimm wir sind. Dass unser ganzes Beziehungsdrama unsere Schuld sei. Alles in uns begehrt dagegen auf. Wir finden es unglaublich fies und ungerecht, wo wir uns doch unendlich um unsere Beziehung bemühen, unserem Partner tagein, tagaus den Rücken frei halten und uns ständig auf ihn einstellen. Wenn gerade jemand auf unserem Fuß steht und sich weigert, herunterzusteigen, ist Wut völlig angebracht. Aber in Partnerschaftskonflikten ist Wut sehr viel häufiger der Ausdruck der Verzweiflung, in unserem Muster festzustecken.

Wut, Ärger, Trotz, Frustration, aber auch Schuld und sich rechtfertigen zu wollen nennt die Paarforscherin Sue Johnson »sekundäre Gefühle«, die die »primären Gefühle« wie Hilflosigkeit, Verzweiflung, Angst, Scham, Trauer verdecken.

Gerade Wut hat den Vorteil, dass wir uns in ihr noch irgendwie stark fühlen, selbst wenn wir uns innerlich längst ratlos, ausgeliefert oder gekränkt fühlen. Wut ist ein Schutzpanzer. Um die unangenehmen Gefühle nicht zu spüren, die uns schwach fühlen lassen. Unsere Wut sollte uns skeptisch machen. Statt augenblicklich auf den Wut-Zug aufzuspringen und dem Affen Zucker zu geben.

Gleichgültig, ob wir unseren Ärger wie eine große Keule gegen den Partner schwingen oder versuchen, ihn zu beschwichtigen. Wenn wir zu aufgeregt sind, funktioniert unser Denken nicht. Wir finden dann keine gemeinsamen Lösungen, Einsichten oder Kompromisse. Dafür müssen wir uns erst beruhigen, müssen die Eskalation stoppen. Die Eskalation ist der wichtigste Stolperstein für jede Beziehung. Es ist ein ständig neu entstehender Prozess. Wir geben beide immer unser Bestes. Aber das sehen wir in der

Eskalation nicht mehr. Im Gegenteil, irgendwann beginnen wir wirklich zu glauben, unser Lieblingsmensch sei gegen uns und wolle uns absichtlich wehtun. Spätestens dann wissen wir, dass wir dabei sind, uns in unserem eskalierenden Teufelskreis zu verlieren.

## WIEDER BEI EINS ANFANGEN

»Mein Gott, ich habe doch dann gleich geantwortet«, sagt er.

»Nein, hast du nicht. Du hast erst nach einer Woche geantwortet«, sagt sie.

»Es waren vier, höchstens vier Tage!«, sagt er.

»Fünf! Fünf Tage waren es. Am Sonntag habe ich es dir gesagt und am Donnerstag hast du erst geantwortet«, sagt sie.

»Du kannst doch den Sonntag nicht mitzählen, wenn du es mir erst abends sagst. Also echt, was willst du mir eigentlich anhängen?«, sagt er.

»Genau genommen hatte ich dich ja schon am Sonnabend gebeten. Also sind es sogar sechs Tage«, sagt sie.

»Es wird ja immer besser. Erst sind es vier Tage, dann fünf, dann sechs, irgendwann waren es drei Wochen. Wann soll das denn am Sonnabend bitte schön gewesen sein?«, sagt er.

»Auf dem Rückweg vom Einkaufen. Aber du hörst mir ja nie zu«, sagt sie.

»Ach geht das jetzt wieder los. Ich nehme ab jetzt am besten alles auf. Und ohne meinen Anwalt sage ich sowieso nichts mehr«, sagt er.

»Deinen Anwalt kannst du gleich für die Scheidung engagieren, wenn du nie auch mal zugeben kannst, wenn du Scheiße baust«, sagt sie.

Und, wissen wir noch, worüber das Paar eigentlich streitet? Nein, wir wussten es auch nie. Das Paar wusste es mal, aber mittlerweile haben sie es auch vergessen. Die beiden haben grausam schlecht kommuniziert. Ungefähres als Fakten ausgegeben. Durch »immer« und »nie« so verallgemeinert, dass sich der Partner angegriffen fühlen muss. Einander üble Motive unterstellt. Übertrieben.

Wir kennen solche Gesprächs-Eskalationen. Ein Wort scheint das andere zu erzwingen. Wir werden zu Kampfrobotern. Adrenalin regiert, wir reagieren. Automatisch. Versuchen, jeden Angriff zu kontern, selbst Treffer zu setzen. Es gibt einen fiesen Streit. Vielleicht sogar einen Riss in der Beziehung, Zweifel am gemeinsamen Leben, Unsicherheit. Die nächste Auseinandersetzung ist so gut wie vorprogrammiert. Ein weiterer Schritt auf der Abwärtsspirale einer Beziehung.

Wir können das alles verstehen und begreifen. Wie Konflikte sich steigern, die verzweifelten Versuche, unsere Beziehung zu erhalten, die dahinterstehen. Die Angst, für den anderen nicht mehr liebenswert zu sein. Der Wunsch, uns schützen zu wollen. Doch wenn wir mitten im Geschehen stecken, dann brauchen wir eine Orientierung. »Wieder bei eins anfangen« ist der Versuch einer Orientierung.

Um wieder bei eins zu beginnen, müssen wir anhalten. Innehalten. Wieder zu uns finden. Denn wir sind nicht mehr bei uns. Wir sind verloren gegangen. Jetzt nicht weitermachen. Alles loslassen. Aussteigen, ohne wegzugehen. Uns besinnen. Bewusst unseren Atem fühlen. In welcher Situation befinden wir uns? Was um alles in der Welt machen wir hier gerade? Ausatmen, ruhig werden. Worum geht es mir eigentlich? Wo wollte ich hin? »He, ich will mich gar nicht mit dir streiten!« Und dann aushalten, dass das »Dann tu es auch nicht!« oder »Ich aber!« hinterhergefeuert wird. Beruhigen. Zurückkommen ins Jetzt, zu dem, was ist. Hier sitzen wir zwei. Wie erlebe ich uns gerade? Was ist mir wichtig mit dir? Dort wieder beginnen. Wieder bei eins anfangen.

## LANGSAMER IST SCHNELLER

»OKAY, verstanden! War nicht korrekt, eine neue Waschmaschine zu bestellen, ohne es abzusprechen! Aber wieso hältst du mir vor, ich nehme dich nicht ernst? Ich habe genau das Modell bestellt, über das wir schon geredet haben. Und wieso sagst du, ich habe dich ignoriert? Haben wir doch alles abgesprochen! War dein Wunsch! Ich mache das alles mit. Das ist unfair. Ich weiß nicht, wieso …« »Können wir bitte etwas langsamer vorgehen?«, unterbreche ich Thomas. Er schaut mich verärgert an. Niemand mag gestoppt werden. Aber Thomas ist Mr. Stakkato. Sein Argumentieren hat längst dazu geführt, dass Marie nur noch leer vor sich hinstarrt. Ich erkläre Thomas, dass ich ihn nicht grundlos unterbreche und frage Marie, wie sie sich fühlt. »Wie weggewischt«, sagt sie und beginnt zu weinen.

»Können wir etwas langsamer vorgehen?« Wie oft sage ich diesen Satz? Als Paartherapeut bin ich immer wieder Moderator, ich mäßige die Partner. Und der erste und wichtigste Schritt dabei ist immer wieder, zu verlangsamen.

Wenn wir schnell reagieren, dann reagieren wir mit System 1, wie es der Psychologe und Nobelpreisträger Daniel Kahneman nennt. Wir reagieren gefühlsmäßig, intuitiv, so, wie es spontan in uns auftaucht. Meistens reichen unsere System-1-Reaktionen. Wir können uns auf unser intuitives Wissen verlassen.

Sobald wir es aber mit einer schwierigen Situation in unserer Beziehung zu tun haben, brauchen wir unser System 2. In System 2 sind wir langsamer, handeln nicht reflexhaft, sondern wir reflektieren unsere unmittelbare emotionale Reaktion.

In Liebesbeziehungen sind stets Gefühle beteiligt. Sie sind im emotionalen Gehirn als Beziehungserfahrungen abgespeichert, und wir reagieren augenblicklich und blitzschnell aus ihnen heraus. In einem Prozess jenseits unser Einflussmöglichkeiten wird unser Organismus in Alarmbereitschaft versetzt. Und ganz alltägliche Interaktionen führen dann dazu, dass wir uns bedroht, ungenügend, dominiert, nicht ernst genommen oder ignoriert fühlen.

Thomas ist es gewohnt, im Job hart zu argumentieren. Seine Spannung und Entschlossenheit überträgt sich auf Marie. Es ängstigt sie, und schon nach kurzer Zeit übernehmen ihre Gefühle und sie kann nicht mehr klar denken. Thomas argumentiert dann immer weiter. Doch wie er Marie erlebt, was ihre Aussagen in ihm auslösen, das spricht er nicht an. Wir brauchen aber die Zeit der Rückversicherung, um uns richtig verstanden zu fühlen. Wir benötigen Zeit, um zu erleben, dass das Gefühlte beim Gegenüber ankommt. Erst dann hören wir genauer hin, nehmen wieder mehr auf, können die Sicht des Partners nachvollziehen und unsere Wirkung auf ihn erkennen.

Wie wichtig Langsamkeit in der Liebebeziehung ist, können wir daran erkennen, wie anders wir mit positiven Gefühlen umgehen. Niemand würde »Ich liebe dich!« sagen – und sofort weiterbrabbeln. Durch Verlangsamen entsteht Achtsamkeit, wie jeder weiß, der einmal eine Bewegungsmeditation mitgemacht hat. Thomas und Marie hätten ohne Verlangsamung wie gewohnt aneinander vorbeigeredet. So gesehen ist langsamer meistens schneller.

# VERSCHIEDEN IST NICHT GESCHIEDEN

James verdreht die Augen. Sein Blick geht weg von Sybille, zur Decke, ins Nichts. Sybille kämpft mit den Tränen. Sie verstehe doch, dass ihm sein Beruf wichtig sei. Aber wenn der Kleine wieder Asthma habe, dann bekomme sie Angst. Das müsse er doch verstehen. Dann könne er doch auch mal nach Hause kommen. James schüttelt fast unmerklich den Kopf. »Du kapierst einfach nicht, worum es geht«, sagt er. »Wir sind einfach zu verschieden.« Und resigniert setzt er hinzu: »Wir passen einfach nicht zueinander.«

Die Konflikte zwischen Sybille und James sind immer härter geworden. Besonders seit er die Firma gewechselt hat und sein Arbeitsplatz zweihundert Kilometer entfernt liegt. Seitdem fühlt sich Sybille zunehmend allein gelassen, und James sich nicht unterstützt. Sie glaubt immer mehr, ihm sei allein seine Karriere wichtig. Und er glaubt, sie verstehe seine Arbeit nicht und wolle ihn in die gleiche piefige Familienidylle einbinden, die ihre Eltern leben.

Immer wieder haben sie gestritten, bis es dann einer von ihnen erstmals ausgesprochen hat: »Wir passen einfach nicht zueinander.« Als seien sie Fisch und Fahrrad. Wenn Paare beginnen, sich unüberbrückbar verschieden zu fühlen, ist das häufig ein Grund, zur Paartherapie zu kommen. Weil sie die deprimierende Befürchtung beschleicht, um eine Beziehung zu kämpfen, die keine Chance hat.

Zu Beginn einer Beziehung überschätzen wir unsere Ähnlichkeit und halten die Tatsache, dass unser Liebster auch Yoga macht, für eine große Sache. Im Fortgang der Beziehung werden dann auch unsere Unterschiede deutlich.

Die meisten Paare leben gut damit, ergänzen und bereichern einander. Aber sobald wir uns in Konflikten nicht mehr verstanden und geliebt fühlen, ändert sich das. Und wenn wir erst zweifeln, ob wir noch zusammengehören, ist die Attraktion, die einst in unserer Unterschiedlichkeit lag, vollständig vergessen.

»Wir passen nicht zueinander« heißt dann übersetzt: Wir finden nicht mehr zueinander. Weil wir, wie James, immer mehr zum Sich-wütend-Verweigernden oder, wie Sybille, zur Ängstlich-Fordernden werden. Was uns unvereinbar erscheint, sind aber nicht unsere Persönlichkeiten, sondern diese eingefahrenen Rollen, in die wir geraten, sobald wir uns nicht verstanden fühlen. Sie polarisieren uns. Dann zu denken, dass wir schlichtweg nicht zueinanderpassen, ist nur der nächste Schritt, um uns vor unseren Gefühlen zu schützen. Denn wozu sollen wir unsere verletzlichen Seiten und Sehnsüchte noch zeigen, wenn sie ohnehin nicht ankommen können? Wie James und Sybille verzweifeln wir aneinander, statt unsere weichen Gefühle zu teilen. Das wäre aber der Weg, um aus der Falle unserer täglich unüberbrückbar erscheinenden Unterschiedlichkeit zu entkommen. »Wir passen nicht zueinander« ist keine späte Erleuchtung, es ist ein gemeinsamer Hilferuf nach Nähe und Zuwendung. Deshalb ist verschieden, noch lange nicht geschieden.

## AUS POSITIONIEREN WIRD POLARISIEREN

»Ich kann schon gar nicht mehr richtig schlafen«, sagt sie. »Die Kleine kommt in die Schule, die Große aufs Gymnasium. Wir ziehen in zwei Monaten um. Du hast noch deine Zahn-OP. Meine

Schwester heiratet. Wir haben diese USA-Reise gebucht. Und danach fängt mein neuer Job an. Ich weiß echt nicht, wie wir das alles schaffen sollen.«

»Ach komm«, antwortet er, »wir haben das doch immer geschafft. Irgendwie wird das schon klappen!«

»Irgendwie? Das ›Irgendwie‹ – das bin doch ich!«. Und dann schweigen Sie – ratlos.

Wie sich dann herausstellt, findet er, seine Frau werde langsam depressiv. Sie sehe nur noch Probleme, ständig sei ihr alles zu viel. Sie findet dagegen, es liege an ihm. Und seine Bemerkungen würden sie erst depressiv machen. Er sehe gar nicht, wie ihn sein Job als Manager versaut habe. Ständig wolle er nur noch ein neues Ziel erreichen. Ansonsten trainiere er Marathon und merke gar nicht, was er alles auf sie abwälze. Das findet er wiederum völlig ungerecht, bei allem, was er tue. Das Problem sei vielmehr, dass sie nicht richtig mitziehe. Und so sitzen sie sich unversöhnlich gegenüber, sie als eine verzagte Bedenkenträgerin und er als ein ignoranter Hochleistungshengst.

Genau wie das Ehepaar H. geraten Paare häufig in eine Polarisierung. Die Partner geraten in der Beziehung in einseitige, einander entgegengesetzte Rollen. Er sieht überhaupt keine Probleme mehr, sie entdeckt sie überall. Jeder vertritt nur noch eine immer gleiche Position. Die Gemeinsamkeit geht verloren und die Liebe droht wie ein Boot zu kentern, in dem sich jeder nur noch in seine Richtung lehnt. In ungelösten Konflikten polarisieren sich Paare in dauergeil und lustlos, dominant und kuschend, kontrollierend und freiheitsliebend. Statt bunter Liebe gibt es nur noch Schwarz und Weiß. Das erinnert an das Yin-und Yang-Zeichen. Doch dort gibt es einen kleinen weißen Punkt mitten im schwarzen Feld und einen kleinen schwarzen Punkt mitten im weißen Feld. Sie symbolisieren, dass das eine jeweils im anderen enthalten ist. Das aber geht Paaren verloren.

Tatsächlich liegt ja auch Herr H. manche Nacht grübelnd wach. Aber weil er ihre Bedenken fürchtet, will er sie keinesfalls verstärken und behält seine Sorgen für sich. Umgekehrt ist sie durchaus optimistisch. Doch sie äußert es nicht. Stattdessen weist sie lieber ausgiebig auf alle möglicherweise auftretenden Probleme hin, um seine übertriebene Zuversicht zu dämpfen.

Die kleinen Punkte im Yin-und Yang-Zeichen sind ein schönes Bild. Denn was uns am Anderen nervt, können wir auch immer in uns selbst entdecken. Mögen wir uns auch noch so zuverlässiger finden als unseren unberechenbaren Partner. Auch wir vergessen Dinge. Und auch die Gewissenhafte in einer Partnerschaft besitzt eine leichtsinnige Seite. Wir können diese Anteile in uns entdecken und sie mit unserem Partner teilen. Damit wir uns nicht zu sehr polarisieren. Denn sobald unsere Unterschiedlichkeit beginnt, sich ausschließlich anzufühlen, ist das Liebesboot dabei, seine Balance zu verlieren. Die Liebe kentert, wenn wir nicht mehr nur Stellung beziehen und uns positionieren, sondern einseitig werden und uns polarisieren.

## DAS PROBLEM IST SELTEN DAS PROBLEM

Martin sagt, er habe Lust, Tara heute Abend zum Essen einzuladen. Sie findet das gut. Auf seine Frage, wohin sie gehen möchte, sagt sie, heute sei sie für alles offen. Und fragt zurück, wonach Martin denn der Sinn stehe. Italiener, Thai, das neue Bistro? Martin zuckt mit den Achseln und gibt die Frage zurück: Ob sie sich nicht doch für etwas entscheiden könne. »Ich hab doch schon gesagt, ich bin heute für alles offen«, sagt Tara. Aber Martin gibt nicht auf: «Jaja, aber dir ist doch meistens nach irgendwas …« Jetzt reagiert Tara langsam gereizt: »Ehrlich, du gehst mir auf den Keks! Jetzt sag du doch mal, was du willst!« »Okay, dann lassen wir es eben!«, sagt Martin, was Tara dann endgültig laut werden lässt. Sie streiten sich, bis Martin genervt den Raum verlässt. Und es ist nicht das erste Mal. Sie haben sich schon häufiger genau wegen so einer an sich kleinen Entscheidung zerstritten. Doch wieso eigentlich?

In der Kommunikation bilden sich Kreisläufe. A reagiert auf B, B wieder auf A und schon setzt sich ein Karussell in Gang, das sich viel zu schnell und heftig dreht, als dass wir als Paar noch aussteigen könnten. Wir fühlen, wie wir uns im Kreis drehen. Wie wir immer wieder die gleichen Diskussionen haben, die zu nichts führen. Der Grund ist, dass wir selten darüber streiten, worum es wirklich geht. Wir bleiben an der Oberfläche.

Martin und Tara könnten noch Jahre das Entscheide-du-doch-Spiel spielen. Es würde zu nichts führen. Der erste sinnvolle Schritt ist meistens, sich klarer zu seinen Gefühlen über- und zueinander zu bekennen. Tara möchte, dass Martin aufhört, ihr alles recht machen zu wollen. Dass er entschiedener ist und auch mal die Führung in der Beziehung übernimmt. Und Martin möchte, dass Tara anerkennt, wie sehr er sich für sie einsetzt, wie sehr er sich bemüht, dass es ihr gut geht. In ihren Streits verhandeln sie das aber nur indirekt. Das Risiko, den Partner zu kränken (Tara) oder sich mit seinem Bedürfnis offen zu zeigen (Martin), hält sie davon ab, klarer auszusprechen, worüber sie im Grunde streiten.

Weil Paarkonflikte uns emotional in Sekunden gefangen nehmen, ist es in der Auseinandersetzung auch meistens nicht möglich, diese tiefer liegenden Anliegen anzusprechen. Wir brauchen erst Abstand, Ruhe, um klarzusehen, müssen vielleicht mit anderen darüber sprechen, um dann unserem Partner mitteilen zu können, was unser wirklicher Antrieb für diesen Konflikt ist.

Aber auch dann können wir noch einen Schritt weitergehen. Denn weshalb ist es für Tara so wichtig, dass Martin entschiedener auftritt? Und wieso ist Martin so auf Taras Wohlergehen fixiert?

Als sie sich diesen Fragen stellen, entdeckt Tara, dass sie schwache Männer ablehnt. Und es ihr Angst macht, gegenüber Martin verächtlich zu werden. Und ihr fällt ihr Stiefvater ein, den sie dafür verachtet hat, wie er sich immer an ihrer Mutter orientierte. Martin gibt zu, dass er glaubt, geliebt zu werden, wenn er andere versorgt. So wie er es nach der Scheidung der Eltern mit seiner Mutter getan hat. Als sie beginnen, darüber zu sprechen, sind ihre Gefühle nicht gleich aufgelöst. Aber sie haben eine Chance, sich zu begegnen. Mit den Gefühlen, um die es geht. Denn das Problem, dass wir verhandeln, ist selten das Problem, das uns bewegt.

## LIEBE MACHT NICHT IMMER LIEBEVOLL

»Mama, wenn du mit Papa telefonierst, dann bist du nie so fröhlich. Mit Ulla lachst du viel mehr!« Sabine schaltet ihr Smartphone aus und schaut ihre kleine Tochter Helena verblüfft an. Die Kleine hat recht. Sabine möchte nicht lügen und behaupten, dass es gar nicht so sei. Aber andererseits hat sie auch keine gute Erklärung. So direkt hat sie noch nie darüber nachgedacht. Soll sie jetzt sagen, dass Papa und Mama sich ja schon so lange kennen? Und ihrer kleinen Tochter das Gefühl geben, dass Beziehungen eben unausweichlich irgendwann langweiliger und liebloser werden? Schließlich sagt sie: »Ulla ist doch auch so lustig. Und mit Papa bespreche ich auch ganz viele Sachen, über die man nicht lachen kann: Einkaufen. Aufräumen. Klo putzen und so.« Die kleine Helena ist schon wieder bei dem Löwen, den sie gerade zeichnet. Sabine ist flau im Magen.

»Mich strahlst du nie so an!« » Mit mir könntest du auch mal so nett sein wie mit deiner Kollegin!« »Mit den anderen hast du dich ja glänzend unterhalten, mit mir hast du den ganzen Abend kein Wort gesprochen!« Wir bekommen in Beziehungen häufig das Gefühl, weniger Zuwendung und Aufmerksamkeit zu bekommen als Freunde oder Bekannte. Wir fühlen uns dadurch zurückgesetzt und ungeliebt. Und wir resignieren, weil wir uns für Opfer der Gewöhnung halten. Der Alltag hat die Liebe gekillt. Offenbar ist zwischen uns das meiste gesagt, wir sind nicht mehr aufregend und inspirierend für unseren Liebsten. Wir fühlen uns machtlos, denn neu können wir für ihn ja nicht mehr werden. Wirklich begehren, so denken wir, können wir ja nur, was wir nicht schon haben. Doch werden wir unserer Lieblingspasta wirklich notwendigerweise überdrüssig? Und können stets nur unbekannte gastronomische Leckerbissen genießen? Sicherlich kann niemand alles für uns sein. Die Lieblingsspeise als einzige Mahlzeit wird fade. Wir brauchen andere, wir brauchen auch in der Partnerschaft Abwechslung, um miteinander lebendig zu bleiben. Doch die Abstumpfung, die verhaltenen Gefühle sind kein genereller Gewöhnungseffekt. Es sind die »Spurrillen«, die uns anöden. »Spurrillen« sind die eingefahrenen Kommunikationswege, die Gefühlskreisläufe, die sich in Liebesbeziehungen bilden. Du bist gekränkt, wenn ich nicht gleich für dich da bin. Dann erlebe ich dich vorwurfsvoll, und davor verschließe ich mich, und du machst mir aus Verzweiflung noch mehr Vorhaltungen, und schon verschließe ich mich noch mehr. Es geht uns besser, wenn wir begreifen, dass diese Teufelskreise uns die Freude aneinander rauben, nicht die Gewohnheit an unseren Partner.

Wenn die Diskrepanz zwischen unserer Kommunikation mit unserem Partner und unserer Kommunikation mit anderen zu groß wird, dann wissen wir, dass wir uns in unserer Beziehung festgefahren haben. Wenn wir jetzt versuchen, freundlicher und zugewandter miteinander umzugehen, gelingt es meistens nicht. Denn wir müssen erst lernen, unsere »Spurrillen« gemeinsam zu vermeiden. Wir wissen beide, worauf wir immer wieder gleich reagieren. Wir müssen uns austauschen, in welche Teufelskreise wir als Paar immer wieder geraten. Wenn sich abzeichnet, dass wir wieder in der Spurrille landen, dann können wir das gemeinsam stoppen. Und gemeinsam einen anderen Weg miteinander finden. Denn sonst macht uns die Liebe wenig liebevoll.

## LASS MAMA AUS DEM SPIEL

»Ach, komm«, sagt Frank. Er ist so sauer, dass er sein geliebtes Smartphone aufs Sofa knallt. »Ich kann es nicht mehr hören: Mir geht es nicht so gut! Mir geht es nicht so gut, weil die Kinder so wild sind, mir geht es nicht so gut, weil ich meinen Sport nicht machen konnte, mir geht es nicht so gut ... letztlich geht es dir doch immer wegen irgendwas nicht gut. Wie allen in deiner Familie. Und ich bin immer schuld an deinem ganzen Elend.« Lilly beginnt zu weinen, wendet sich ab und verbirgt ihr Gesicht hinter ihren Armen. Schließlich läuft sie aus dem Zimmer. Frank brüllt hinter ihr her: »Sag ich doch, genau wie deine Mutter, die darf man doch auch nicht kritisieren ...«

Natürlich sind wir wie unsere Eltern. Wir tragen ihre Gene, wir haben ihr Verhalten und ihre Werte unbewusst übernommen.

In unseren Partnerschaften kullern wir dann wie die sprichwörtlichen Äpfel, die nicht weit vom Stamm gefallen sind, aufeinander zu. Uns selbst fehlt die nötige Distanz, zu erkennen, wie nah wir am Stamm liegen. Wir selbst nehmen eher wahr, worin wir uns von unseren Eltern unterscheiden. Aber unser Partner erlebt uns als genauso hilfsbereit wie unsere Mutter oder genauso manipulativ wie unseren Vater. Oder er empfindet, dass wir so trotzig auf ihn reagieren, als sei er unser rigider Vater. Oder so aggressiv, als sei er unsere unzufriedene Mutter.

Als Einsicht könnten solche in der Nähe einer Partnerschaft gewonnenen Erkenntnisse sehr hilfreich sein. Aber die positiven Einflüsse des Elternhauses loben wir eher selten. Häufiger kritisieren wir die negativen und werfen unserem Liebsten sein Elternhaus vor, wenn es langwierige Konflikte gibt. Wenn wir emotional nicht mit dem Liebsten klarkommen, dann rufen wir: »Du behandelst mich wie deine Mutter!« »Du willst so leben wie deine Eltern!«. Solche Vorwürfe sind immer ein Treffer. Entweder weil es stimmt. Oder weil es nicht stimmt. Dann verletzt es uns, weil wir uns nie so verhalten wollten, wie unsere Eltern es taten. Wir fühlen uns für genau die Verhaltensweisen angeklagt, unter denen wir selbst als Kind gelitten haben. In jedem Fall werden wir auf doppelt schmerzhafte Weise infrage gestellt. Denn nicht nur wir werden für unsere Verhaltensweisen entwertet und abgelehnt, sondern unsere ganze Familie ist nicht in Ordnung. Was dazu führen kann, dass wir uns schützend vor unsere Eltern stellen, die wir ja trotz aller möglicher Kritik lieben. Und oft geht dann der entwertete Partner zur Gegenentwertung über, und es eskaliert in den alle verletzenden Krieg der Familien: »Lass meine Familie aus dem Spiel! Guck dir doch lieber mal deine eigenen Zombie-Eltern an!«

Unsere Reaktionen sind leichter zu verstehen, wenn unser Partner unsere Geschichte kennt. »Wenn du vor deinem Smartphone hängst, dann fühl ich mich wie mit meinem Vater. Wie sehr ich vermisst habe, dass er Zeit für mich hat.« Aber es ist besser, wenn jeder nur seine eigenen Eltern ins Spiel bringt, und nicht die des anderen. In entspannten Beziehungszeiten können wir über unsere Familien sprechen, aber gerade in Konflikten gilt: »Lass (meine) Mama aus dem Spiel!«

## OBJEKTIV IST
## NIEMAND OBJEKTIV

»Streichen Sie das Wort einfach aus ihrem Wortschatz!«, höre ich mich sagen. »Tun Sie so, als existiere es gar nicht.« Herr B. guckt mich etwas missmutig an. »Aber …«, setzt er an. Ich schüttele den Kopf. Ich bin als Therapeut selten direktiv. Doch jetzt bin ich ganz entschieden. »Wirklich. Wenn Sie Matheklausuren korrigieren oder Motoren konstruieren, ist es sinnvoll. Aber in einer Beziehung nicht.« Herr B. kratzt sich am Ohr. Überzeugt ist er noch nicht. Ich mache ja auch gerade keine besonders gute Therapie. Aber »objektiv« gehört auf die schwarze Liste der Wörter, die in Liebesbeziehungen aussterben sollten.

Frau B. lächelt matt dazu. Sie ist erschöpft. Nicht nur, weil ihre kleinen Kinder ihr den Schlaf und die eigenen Bedürfnisse rauben. Sondern auch, weil Herr B. ein großer Fan des Objektiven ist. Als er nach Hause kam, bat sie ihn, sich um die Kinder zu kümmern, weil sie einen Augenblick Ruhe wollte. Doch kaum war sie eingeschlafen, da tauchte der kleine Tom wieder auf und fragte, wo das iPad sei. Frau B. war genervt. Wieso konnte ihr Mann ihr ihren Wunsch nicht erfüllen? Als sie ihm das vorwarf, hörte er nickend zu. Und dann sagte er, dass er sich ja, objektiv gesehen, um Tom gekümmert habe. Und Frau B. sackte unmerklich wieder ein wenig mehr in sich zusammen. Ja, objektiv hatte er die Kinder übernommen. Aber objektiv war auch nichts aus ihrer Ruhepause geworden.

Der radikale Konstruktivismus besagt, dass es gar keine objektive Realität gibt, sondern dass wir unsere gesamte Wirklichkeit konstruieren. Alles, was ist, existiert demnach nur in unserer Wahrnehmung, durch die wir unsere Realität erzeugen. Das ist eine erkenntnistheoretische Position, die für unseren Alltag etwas unpraktisch ist. Wenn wir jedes Mal sagen würden: »In meiner Wahrnehmung ist ein Möhrensalat konstruiert worden. Kannst du mal in deiner Wahrnehmung nachschauen, ob du ihn auch gerade konstruierst?«, wäre das ziemlich aufwendig.

Doch als grundsätzliche Idee ist es großartig, sich davon zu verabschieden, dass wir als Partner in derselben Welt leben.

»So war es gar nicht!« »Es war ganz anders!« So beginnen die meisten Streitigkeiten. Es ist der Kampf um die objektive Wahrheit. Dahinter verbirgt sich eines unserer wichtigsten Bedürfnisse: unserer Wahrnehmung vertrauen zu können. Wenn sie behauptet, sie habe erst gesagt, er solle auf der Couch schlafen, nachdem er sie »Zicke« genannt hat, er aber sicher ist, dass er sie erst »Zicke« genannt hat, nachdem sie ihn auf die Couch verbannt habe, dann kämpfen beide für die Richtigkeit ihrer Wahrnehmung, und somit letztlich für ihre geistige Gesundheit.

Doch unsere geistige Gesundheit finden wir erst, wenn wir aufhören, um die objektive Wahrheit zu kämpfen. Und lernen, unsere gefühlten Wahrheiten zu teilen und gegenseitig anzuerkennen. Denn nicht die Wahrheit, sondern unsere emotionalen Erfahrungen bestimmen in Beziehungen unsere Wahrnehmung. »So war es für dich und so anders habe ich es erlebt.« In Beziehungen ist objektiv gesehen niemand objektiv.

## VERSTEHEN GEHT ÜBER VERSTANDEN WERDEN

»Nun versteh mich doch endlich!« sagt er. »Ich bin zu Fuß gegangen und dabei habe ich alle Telefonate erledigt. Sonst hätte ich sie noch im Büro machen müssen. Und wäre mit der U-Bahn auch nicht schneller zu Hause gewesen.« »Ach, ja?«, sagt sie. »Den ganzen Tag habe ich keinen freien Moment und dann lustwandelt der gnädige Herr nach Hause. Ich kann ja warten! Was mit meiner Zeit ist, ist ja nicht so wichtig!« »Aber ich wäre doch wirklich sonst auch keine Minute eher gekommen! Ich musste noch telefonieren. Ist das so schwer zu verstehen?« »Wer bitte schön versteht mich denn? Weißt du, wann ich das letzte Mal spazieren gegangen bin? Aber du hast ja Zeit, die Kinder sind ja bei mir gut versorgt.« »Aber ich wäre doch anders keine Sekunde früher zu Hause gewesen. Und es war doch gut. Deshalb bin ja dann nicht mal mehr joggen gegangen.« »Oh, welches Zugeständnis! Kapiere es endlich: Ich warte. Und du lässt mich hängen, seit Jahren lässt du mich …«

Maria ist mittlerweile rot vor Wut und Jerome blass vor unterdrücktem Ärger. Ich wedele mit den Armen: «Stopp! Könnt Ihr das bitte stoppen!« Sie halten sich mühsam zurück. Aber nur kurz. Dann gewinnt das unbändige Bedürfnis, endlich verstanden zu werden, wieder die Oberhand und Maria eröffnet eine neue Runde. »Du weißt genau, dass ich …«

Wir besitzen die großartige Fähigkeit, verstehen zu können, was im anderen vorgeht, weil wir, wie die Psychologie sagt, »mentalisieren« können. Wir können uns in andere hineinversetzen, erschließen, wie unser Gegenüber sich gerade fühlt, wie er uns erlebt, worum es ihm bei all den vielen Worten geht.

Aber um das zu können, müssen wir auf Empfang schalten. Denn Kommunikation findet zwischen Sender und Empfänger statt. Wenn es aber nur zwei Sender und keinen Empfänger gibt, dann scheitert jede Kommunikation, wie bei Jerome und Maria, die wie besessen versuchen, sich verständlich zu machen. Doch der Empfänger bestimmt letztlich jede Kommunikation. Was er nicht aufnimmt, kommt nicht an. Da kann sich der Sender noch so abmühen.

Auch wenn wir uns gerade völlig missverstanden, ungerecht behandelt und nicht gesehen fühlen, sollten wir uns daran erinnern, dass sich unser Partner ja auch nur verständlich machen will und nur deshalb mit aller Macht kämpft, weil er uns erreichen will. Nur so können wir festgefahrene Streitigkeiten auflösen. Sich zurückzunehmen und in den Partner hineinzuversetzen ist liebevolle Zuwendung. Sich zurückzunehmen ist nicht einfach. Aber es ist der einzige sinnvolle Weg.

Wir können es uns radikal zur Regel machen. Wir verstehen zuerst unseren Partner. Und erst wenn wir sicher sind, wenn er uns zurückgemeldet hat, dass er sich verstanden fühlt, erst dann versuchen wir, verstanden zu werden. Diese Regel klingt viel einfacher, als sie ist. Wir werden häufig dagegen verstoßen. Das ist in Ordnung. Solange wir uns immer wieder daran erinnern, haben wir eine Chance, uns unendlich viele fruchtlose Auseinandersetzungen zu ersparen. Nein, Schweigen ist nicht Gold in einer Beziehung und Reden nicht Silber. Aber Verstehen ist Gold.

## DAS PROBLEM IST NICHT DER ANDERE

»Wow!« flüstert Laura ihrer Freundin Catarina zu. »Merkst du, wie aggressiv Jasper wieder ist? Er hat echt ein Problem. Es wird immer schlimmer. Ich will eigentlich nicht mit so einem Aggro-Typen zusammen sein!« Laura, Catarina und Jasper sind auf der Eisbahn. Und es ist schon auffällig, dass Jaspers Eisstock immer weit über das Zielquadrat hinausschießt. Oder sogar mit Wucht gegen die dahinterliegende Bande knallt. Die Freundin überlegt einen Augenblick »Nee, Jasper ist doch voll entspannt. Der ist nur gerade noch sauer auf dich, wegen eures Streits.« Laura ist irritiert.

Stets zu versuchen, jedes Verhalten zu verstehen, macht uns Menschen zu kompetenten sozialen Wesen. Wir sind Alltagspsychologen im Dauereinsatz. Ob unser Partner happy, genervt oder schweigsam ist, wir suchen nach einer Erklärung für seine Stimmung. Wir schreiben dem, was wir beobachten, eine Bedeutung zu. Der Sozialpsychologe Fritz Heider hat dafür den Begriff der »Attribution« gefunden. Entweder erklären wir uns das Verhalten unseres Partners durch sein Innenleben, seine Persönlichkeit, oder durch die äußeren Umstände.

Wie Forscher herausgefunden haben, schreiben Partner aus glücklichen Ehen positive Verhaltensweisen eher der Persönlichkeit des anderen zu. Während sie negatives Verhalten durch Umstände erklären. In unglücklichen Ehen ist es genau umgekehrt.

Die Chance, in einer unglücklichen Ehe zu enden, ist allein schon deshalb ziemlich hoch, weil wir die Neigung und Fähigkeit haben, über andere eine Persönlichkeitstheorie zu bilden. Wir machen uns ein Bild vom Charakter unseres Partners und begreifen sein Verhalten immer weniger als spontane Reaktionen, sondern als Anteile seiner Persönlichkeit. Wegen der eingefahrenen partnerschaftlichen Kommunikation nehmen wir ihn dabei aber zunehmend negativ wahr.

Jasper ist tatsächlich in der Beziehung zu Laura immer aggressiver geworden. Aber nur mit ihr. Laura sprach oft nicht aus, was sie bewegte, schmollte dann aber vorwurfsvoll. Er fragte nach und wurde immer wütender, je sprachloser sie blieb. Und logisch: Je wütender er wurde, desto mehr verschloss sie sich. Zusätzlich neigen wir in Konflikten dazu, den anderen als unser Gegenteil wahrzunehmen. Aus Bunt wird Schwarz-Weiß. Es ist klar, wohin das führt. Wir schreiben uns die positiven Eigenschaften zu, dem Partner aber zunehmend negative. Bis wir in der Persönlichkeit unseres Partners nur noch ein unerträgliches Problem sehen und ihn in einer unserer Psycho-Schubladen ablegen. Beliebt sind: Depressiv! Egoistisch! Dominant! Gefühllos!

Partner können problematisch sein, schwierige Menschen, wirklich unerträglich. Doch in den meisten Fällen liegt es an unserer Wahrnehmung, wenn sich Traumprinzen in eklige Kröten verwandeln. Wir tun gut daran, stets die Umstände mehr in Betracht zu ziehen, wenn wir das für uns schwierige Verhalten unseres Partners interpretieren. Und dabei nie zu vergessen, dass sein einflussreichster Umstand wir selbst sind. Das Problem ist nicht der andere.

# IV

# BINDUNGSVERLETZUNGEN

Manchmal ist unser Liebespartner genau dann nicht da, wenn wir ihn am meisten brauchen. Also in emotionalen Ausnahmesituationen, wenn wir sehr krank sind oder tief trauern, vor wichtigen Prüfungen oder Entscheidungen. Wenn unser Liebster mitten in unseren Wehen anfängt, mit dem Handy zu spielen, oder er einen wichtigen Job-Termin auf den Tag der Beerdigung unserer Lieblingstante legt, dann verlieren wir das Vertrauen in ihn. Wenn er uns versprochen hat, Elternzeit zu nehmen, sich dann aber gnadenlos nur um den Erfolg seiner Firma kümmert und uns mit dem neuen Erdbewohner alleine lässt. Wenn wir eisern gespart haben und unser Partner jetzt unser gemeinsames Vermögen leichtfertig verspielt, dann zerbricht unser Vertrauen. Oder wenn wir uns mit unserer Kinderlosigkeit, einer Abtreibung, einer Totgeburt alleine gelassen fühlen. Dann entstehen Bindungsverletzungen. Schmerzhafte Einschnitte, von denen wir gerne glauben möchten, dass wir sie überwunden hätten. Aber wir lassen uns nicht wieder so auf die Beziehung ein wie vor unserer Enttäuschung. Wir bleiben reserviert, oft ohne es selbst zu bemerken. So als würden wir uns nicht mehr wirklich anlehnen, sondern immer darauf achten, auf den eigenen Füßen stehen zu bleiben.

Manchmal ist es nur eine Bemerkung oder eine alltägliche Situation, die uns nachgeht. Als er sagte, seine erste Liebe sei etwas Unerreichbares. Als sie zum Geburtstag ihrer Freundin fuhr und uns mit dem Wasserschaden in der Wohnung alleine ließ. Wir sind enttäuscht, fühlen uns nicht gesehen und allein gelassen. Wir wollen solche Enttäuschungen vielleicht gar nicht so wichtig nehmen, aber sie hallen in uns nach. Bindungsverletzungen steigen wieder und wieder in uns auf. Als innere Stimme, als Gedanken, als Bild, das immer wieder vor unserem inneren Auge auftaucht. Wir versuchen, es beiseitezuschieben, es soll Vergangenheit sein. Aber es hört nicht auf, sich in unser Blickfeld zu schieben. Wenn wir in uns hineinhorchen oder wenn wir im alltäglichen Miteinander enttäuscht werden, dann wird die eingekapselte Verletzung in uns berührt. Der Schmerz steigt in uns auf. An ihm können wir erkennen, dass es eine Bindungsverletzung gegeben hat. Dass etwas zwischen uns steht, das unseren gemeinsamen Weg als Paar belastet, wie ein schwerer Rucksack, den einer von uns ständig mit sich herumschleppt.

Wir möchten darauf vertrauen können, dass der Partner für uns da ist, wenn wir uns hilflos fühlen und Geborgenheit suchen. Den Partner so zu brauchen, mag uns abhängig und kleinkindhaft erscheinen. Doch wir sind in Liebesbeziehungen so abhängig. Eine Bindungsverletzung führt zu Angst und Verunsicherung und wird als Verlust erlebt. Wir haben Angst, es könnte wieder geschehen, unser Partner ist kein sicheres Gegenüber mehr. Es wird immer wieder Situationen geben, in denen wir uns im Stich gelassen fühlen. Weil er wirklich nicht an unserer Seite war, oder weil er unsere Erwartungen enttäuscht hat, die möglicherweise auch unrealistisch waren. Shit happens. Wir sind nicht davor geschützt. Aber es belastet unsere Liebe, wenn wir uns die Enttäuschung und unseren Schmerz nicht eingestehen. Wenn wir nicht miteinander klären, was uns verletzt hat, und das Vertrauen wiederherstellen.

Wir sind hervorragende Beziehungsstatiker. Wir nehmen sofort wahr, wenn das sichere Fundament unserer Liebesgeschichte bedroht ist. Neben den einmaligen, situativen Bindungsverletzungen gibt es einen Katalog von Ereignissen und Verhaltensweisen, die jede Beziehung bedrohen. Anhaltende Bindungsstörungen bestimmen unsere Beziehungen auf zerstörerische Weise. Wir sollten sie kennen und anerkennen und uns nicht vormachen, dass alles in Ordnung ist, wenn tatsächlich das Fundament unserer Liebesbeziehung dabei ist, zu erodieren.

Die häufigste und komplexeste Bindungsverletzung für Beziehungen sind Affären, mehr dazu finden Sie in Kapitel V. Und es gibt eine weitere destruktive, andauernde Bindungsstörung, die heute immer mehr Bedeutung gewinnt, die Pornografie, mit der ich mich in Kapitel VI beschäftige.

### BETRUG

Jede Form von Betrug ist ein Beziehungskiller. Betrug ist das Gegenteil von Vertrauen. Statt uns auf unseren Partner verlassen zu können, erleben wir die größtmögliche Unsicherheit mit ihm, er lässt uns in das Nichts seiner Geheimnisse abstürzen. Lügen nagen am Fundament einer intimen Beziehung wie Termiten. Da kann der Lügende noch so viele andere gute Seiten haben und noch so liebevoll sein. Die Lüge schwebt wie eine ungesicherte Lawinenwand über der Partnerschaft. Der Seitensprung, die Spielschulden, der verschwiegene Stiefbruder, die heimlichen Mails mit dem Ex, das ohne unser Wissen auf unserem Handy installierte Ortungsprogramm – das mag im Einzelnen sogar verzeihbar sein. Der Inhalt der Lüge ist nicht das Problem. Er ist, einmal aufgedeckt, oft schon Geschichte. Die Lüge selbst wirkt zerstörerisch auf die Beziehung. Wenn alles Lüge sein kann, dann kann alles, was ich denke, fühle, tue und worauf ich mich verlasse, eine Illusion sein. Jede Beziehung braucht einen festen Rahmen, einen verlässlichen Spielraum. Ich brauche die Sicherheit, dass du aufrichtig bist, um mich auf dich einzulassen zu können.

## SÜCHTE

Ich habe jedes Paar, in dem Drogen eine Rolle spielen, mit großer Vehemenz und Unerbittlichkeit um den Drogenkonsum ringen sehen. Verständlicherweise. Denn wer trinkt, kifft, kokst oder auch nur raucht, hat eine Dauer-Affäre mit einem Stoff, dem keine Partnerin gewachsen ist. Er lebt mit der geliebten Partnerin, aber gleichzeitig mit seiner chemischen Geliebten. Mit der realen Partnerin kann es schwierig werden. Die chemische Geliebte stellt keine Ansprüche. Sobald etwas Unangenehmes zu klären ist und schwierige Gefühle auftauchen, dann ist die Wahrscheinlichkeit am Größten, dass der Partner im Nebel seines künstlichen Paradieses verschwindet. Drogen machen die Beziehung unsicher, weil es keine Verlässlichkeit mehr gibt. Jeden Abend trinkt sie ihre zwei, drei Gläser Wein. Angeblich zur Entspannung. Aber wie viel wert sind ihre Zusagen und ihr Verständnis dann wirklich? Geht er wieder auf den Balkon und zieht sich erst mal eine Tüte Gras rein, bevor er ins Bett kommt? Und heißt das, dass er nur noch stoned mit uns schlafen mag? Stürzt er doch wieder ab, wenn er mit seinen Kumpels loszieht? Und sucht mit seinem vollgekoksten Hirn grandios anmutenden Sex auf der Klub-Toilette?

Drogen gehören zum Leben. Nur ängstliche Spaßbremsen werden die Stoffe gegen den beschwerlichen Grauschleier des gewöhnlichen Lebens vollständig verbannen wollen. Deshalb wird in Partnerschaften meistens verzweifelt gerungen, ob der trinkende Partner schon als süchtig zu gelten hat oder nicht.

Eine müßige Diskussion. Denn es geht nicht um die Definition von Sucht. Es geht darum, dass ich mich mit meinem Partner nicht mehr sicher fühle. Wenn er mit zweihundert Kilometer pro Stunde über die Autobahn kachelt und ich als Beifahrer Angst bekomme, dann will ich nicht diskutieren, ob eine Geschwindigkeitssucht bei ihm vorliegt. Dann habe ich ein Recht darauf, dass er vom Gas geht. In der Partnerschaft sitzen wir emotional im gleichen Boot und sind voneinander abhängig. Wer das leugnet, der sitzt tief in der Falle der Co- und Mitabhängigkeit. Es gibt nur eine Lösung. Den Konsum so einzuschränken, dass das Vertrauen wiederhergestellt ist. Bis der Partner wieder entspannt und angstfrei leben kann. Sei es durch Drogenabstinenz oder kontrollierten Konsum. Entscheidend ist, dass die Droge die Partnerschaft nicht bedroht. Und das kann nicht der bestimmen, der die Droge nimmt.

Mit der virtuellen Welt ist noch eine ganz andere Sucht in das Paarleben eingetreten. Die Screen-Sucht, bei der der Abhängige jede Gelegenheit nutzt, auf einen Bildschirm zu starren. Das Smartphone saugt die meiste Aufmerksamkeit aus der Beziehung, weil es stets dabei ist. Aber auch Tablets, Laptops, Fernseher oder Spielkonsolen sind mittlerweile Thema in Beziehungskonflikten. Denn die Inhalte, die sie transportieren, sind endlos. Das WWW ist grenzenlos, YouTube oder Instagram bieten Stoff für die Unendlichkeit und Facebook und Co. buhlen mit allen Tricks um die Aufmerksamkeit des Users. Die dann für den Partner fehlt. Digital, banal, fatal. Wir starren den gesamten Arbeitstag auf Screens, wir verbringen die U-Bahn-Fahrt damit, Screens sind so selbstverständlich, dass der Suchtbegriff nur noch wenig Sinn ergibt. Das »Bling« einer neuen Meldung ist der Sound unserer Zeit. Aber wer sein Handy nicht ausschalten kann, wenn er mit seinem Partner Liebe macht, hat mehr als ein Problem.

## TRENNUNGSDROHUNGEN

Die Möglichkeit einer Trennung ist das Wesen einer Liebesbeziehung. Wir sind freiwillig zusammen. Deshalb versichern wir einander ständig unsere Verbundenheit. Wir zeigen uns unsere Liebe, sprechen von Ewigkeit und Untrennbarkeit. Wir bestätigen den Partner in seiner Einzigartigkeit, seinen besonderen Qualitäten. Wer ständig mit Trennung droht, vernichtet diese Bindungssicherheit. Er konfrontiert seinen Partner mit der radikalsten Form von Liebesentzug. Wie eine Mutter, die ihrem Kind damit droht, dass es wieder an den Klapperstorch zurückgegeben wird, wenn es weiter unartig ist. Wir brauchen die Sicherheit, dass sich unser Partner den nötigen Auseinandersetzungen stellt. Dass wir nicht ständig damit rechnen müssen, dass er das Spielfeld der Beziehung verlässt und nicht mehr mitspielt. Die Möglichkeit einer Trennung anzusprechen ist nur dann akzeptabel, wenn wir es wirklich ernst meinen. Wenn alles nichts geholfen hat, wenn der Partner auf keine unserer Botschaften reagiert hat und wir die Trennung ernsthaft erwägen. Wenn es für uns in der Beziehung wirklich fünf vor zwölf ist, dann ist es angemessen und sogar nötig, unsere Trennungsgedanken ins Spiel bringen. Dann können wir auch mit der Trennung drohen. Damit sie vielleicht noch verhindert werden kann.

Wir verstehen intuitiv und ohne nachdenken zu müssen, dass körperliche Gewalt die schwerste Bindungsverletzung ist. Und ein nicht tolerierbares Verhalten in Beziehungen. Doch wir übersehen leicht, dass schon eine einmalige Überschreitung der Grenze zur Gewalt eine Beziehung nachhaltig verändert und grundlegend gefährdet. Wer einmal geschlagen worden ist, der bleibt bedroht und möglicherweise eingeschüchtert. Unbewusst vermeidet er alles, was den Partner wieder provozieren könnte. Er ist nicht frei. Wenn eine Grenze unsicher geworden ist, dann ist es nötig, sie zu stabilisieren. Zum Beispiel dadurch, dass ich ganz eindeutig klarstelle, dass ein erneuter Übergriff das Ende der Beziehung bedeutet. Und dass ich die Beziehung nur unter der Bedingung fortführe, dass sich mein Partner sofort in eine qualifizierte Behandlung begibt.

Die Grenzüberschreitung verbaler Gewalt ist weniger eindeutig. Aber erniedrigende, verachtende, niedermachende, aggressiv oder gar hasserfüllt vorgetragene Wortattacken sind eindeutig Gewalt. Und wenn unser Partner nicht auf unser Bedürfnis reagiert, davor geschützt zu sein, sondern seine Attacken noch steigert, dann sollten wir darauf genauso unmissverständlich reagieren wie auf körperliche Gewalt.

Eine weitere Form von Gewalt ist die Gewaltandrohung des Partners gegen sein eigenes Selbst. Die Suiziddrohung »Wenn du mich verlässt, dann bringe ich mich um!« verwandelt jede Beziehung in ein Gefängnis. Diese Bedrohung schwebt wie jede Gewaltdrohung endlos über uns und muss aufgelöst werden. Eine vertrauensvolle Beziehung, eine sichere Bindung ist sonst nicht möglich. Die Hilflosigkeit, die Suiziddrohungen auslösen, ist die Hilflosigkeit des Beifahrers, der keinen direkten Einfluss auf das

Geschehen hat. Wer ernsthaft mit Suizid droht, braucht Hilfe, die der Partner allein nicht geben kann.

## DISENGAGEMENT, DIE SCHLEICHENDE KÜNDIGUNG

Dabei ist mir wichtig zu sagen, dass es in diesem Kapitel nicht darum geht, dass all das in einer Liebesbeziehung niemals vorkommen darf – mit Ausnahme der körperlichen Gewalt. Es geht mir darum, zu zeigen, wie wichtig es ist, in sich hineinzuhorchen und zu spüren, ob wir uns unbedroht und vertrauensvoll in unserer Liebesbeziehung fühlen oder nicht. Eine nicht wieder gewonnene Sicherheit wirkt kraftvoll wie alles Unerledigte in unserer Psyche. Wir können es wie eine nicht geschlossene Gestalt betrachten oder wie ein nicht zu Ende gemaltes Bild. Jedes Mal, wenn wir es betrachten, ruft es in uns das Bedürfnis hervor, das Bild fertig zu malen. Oder wir können an den Zeigarnik-Effekt denken, der seinen Namen deshalb trägt, weil eine junge Psychologie-Studentin namens Zeigarnik im Café saß und beobachtete, dass die Kellner die offenen Bestellungen wunderbarerweise in ihrem Gedächtnis behielten, aber kaum, dass sie die Bestellung ausgeliefert hatten, jede Erinnerung daran aus ihrem Gedächtnis verschwand. Was nicht beendet ist, das wirkt mächtig in uns. Es hält uns in einer Spannung, in der unsere Psyche aktiv bleibt. Wir sollten nicht versuchen, über Bindungsverletzungen hinwegzusehen, weil es in unserer Beziehung gerade super läuft. Es läuft nur super, weil wir stillhalten. Nicht weil wir wirklich wieder auf sicherem Boden stehen.

Wir bewegen uns dann nicht mehr frei aufeinander zu, sondern verabschieden uns unmerklich, und manchmal auch durchaus spürbar, aus unserer Liebesbeziehung. Wir sind enttäuscht. Wir bemühen uns vergeblich. Dann resignieren wir. Und letztlich engagieren wir uns nicht mehr für unsere Partnerschaft. Wir lassen sie im Sand verlaufen. Im Beruf nennen wir es innere Kündigung. Man macht seinen Job noch, aber ohne wirkliches Interesse, ohne Bereitschaft, sich einzusetzen. Aus dem psychologischen Blickwinkel ist es eine Art Burn-out. Wir brennen aus, wir geben auf. Unsere innere Welt und unsere äußeren Handlungen sind zunehmend unverbunden. Wir handeln noch, aber es berührt uns nicht mehr. Und es erfüllt uns schon gar nicht mehr. Wir fühlen uns leer, unverbunden, wir leben nebeneinander her. Wir führen die Art von Beziehung, die wir niemals führen wollten. Plötzlich sind wir eines jener schweigsamen Ehepaare am Restauranttisch, die wir als Jugendliche ungläubig bestaunten.

Wir wissen, dass wir in unserer Liebesbeziehung nicht ständig das Gefühl haben werden, vor Glück platzen zu können. Aber die Grenze zwischen gesundem Realismus und einer inneren Kündigung verläuft dort, wo wir resignieren. Es fühlt sich nicht gut an. Aber so ist es eben. Wir beginnen, eine graue Brille zu tragen. Wir sehen den Partner mehr und mehr und bald überwiegend negativ. Dann ist unsere Beziehung in ernster Gefahr. Wir sind auf dem Weg hinaus aus der Beziehung. Wie bei jedem Burn-out ist das Problem, dass wir nicht wahrhaben wollen, was geschieht. Wir machen einfach weiter. Die Kette am Fahrrad schleift, wir treten noch mehr in die Pedale, bis wir völlig erschöpft sind. Wir steigen nicht rechtzeitig ab, um den Schaden in Ordnung zu bringen. Diese Resignation gegenüber der Situation führt auch in unseren Beziehungen zum Burn-out. Wir ignorieren im Grunde uns selbst und unsere Wahrnehmungen.

Disengagement geschieht nicht einfach so. Wir geben nicht einfach auf. Es sind oft schleichende Prozesse. Aber wir wissen, ob wir uns noch für unsere Beziehung engagieren. Und wir müssen uns dann fragen, was uns resignieren lässt. Ob es eingestandene oder uneingestandene Bindungsverletzungen sind oder eine andauernde Belastung unseres Vertrauens in den anderen. Oder »nur« ein anderer Konflikt, den wir entweder mit dem Partner oder in uns selbst klären müssen.

## VERGESSEN IST NICHT VERGEBEN

»Also, an Kaya ist schwer ranzukommen.« Paul streckt die Hand nach Kaya aus, lässt sie aber sinken, als seine Frau nicht reagiert. »Ein Bild für ihre Beziehung?«, frage ich. Und beide nicken. Paul und Kaya haben sich in der Therapie schon entspannt, sind versöhnlicher miteinander. Aber etwas trennt sie noch. Das ist zu spüren. Und darüber spricht Paul gerade. »Ich meine, wir streiten uns mal, ja. Aber dann gehe ich meist auf dich zu, entschuldige mich oder möchte, dass wir uns wieder gut sind. Aber du schließt dich dann ja sogar in deinem Zimmer ein.« Kaya nickt. Ich wende mich ihr zu. »Kaya, verstehe ich das richtig, sie gehen in Deckung? Sie vertrauen Paul dann nicht?« Sie nickt wieder. »Kaya, was haben sie mit ihm erlebt, dass sie so wenig Vertrauen in ihn haben?«

Vertrauen ist die Essenz einer Liebesbeziehung. Wir können kein gemeinsames Konto haben, nicht offen sprechen, uns nicht schwach zeigen, wenn wir einander nicht vertrauen. Vertrauen ist kein Pauschalangebot. Vielleicht vertrauen wir einander hundertprozentig, dass wir die Kinder gut behandeln oder uns sexuell nicht hintergehen. Aber das entscheidende Vertrauen ist das Vertrauen, dass unser Partner wirklich zu uns steht und für uns da sein wird, wenn wir ihn brauchen. Wenn dieses Vertrauen angeknackst ist, zweifeln wir, ob uns der Partner liebt. Wir werden unsicher, ob unsere Beziehung tragfähig und belastbar ist.

Wir sprechen dann von Bindungsverletzungen. Bindung erleben wir als die liebevolle Gewissheit der Zusammengehörigkeit. Wir haben das sichere Gefühl, dass der andere, wenn wir uns an ihn wenden, für uns da ist. Eine Bindungsverletzung entsteht, wenn dieses Vertrauen gebrochen wird. Wenn uns der Partner hängenlässt. Dass er nicht zurückruft, obwohl er es versprochen hat, ist ärgerlich, aber keine Bindungsverletzung. Aber falls wir ihn gebeten hatten, erreichbar zu sein, weil wir auf die Ergebnisse unserer Krebsvorsorge warten, dann fragen wir uns, wie wichtig wir wohl für ihn sind. Je bedeutender die Situation für uns war, umso verlassener fühlen wir uns. Unser Vertrauen erhält einen Riss. Und wir schützen uns. Um vor weiteren Enttäuschungen sicher zu sein, ziehen wir uns emotional zurück. Während wir die Enttäuschung spüren, bekommen wir unseren Rückzug häufig nicht bewusst mit. Und erst die Frage: »Seit wann fühlt sich denn die Beziehung anders an?« kann uns jenes Ereignis ins Gedächtnis rufen, das unsere Beziehung nachhaltig erschüttert hat und sie noch nach Jahren belastet.

Der Mann, der eine Stunde zu spät zur Hochzeit kam. Die Frau, die fremdging, während ihr Mann im Krankenhaus lag. Der Mann, der sich mit dem entwertenden Schwiegervater im Suff verbündete. Oder Paul, der die ängstliche Kaya drei Wochen vor dem Geburtstermin ein Wochenende lang allein ließ, um seine Schwester zu besuchen. Die Tochter geht mittlerweile zur Schule. Aber in Kaya ist die Wunde nicht geheilt.

Die verletzten Gefühle können wir nur gemeinsam heilen. Wenn wir unseren Partner jetzt damit erreichen, womit er uns damals verletzt hat. Die Aufgabe ist, die noch wirkenden Verletzungen aufzuspüren und den Mut aufzubringen, uns noch einmal verletzlich zu machen, indem wir den Partner damit konfrontieren. Denn vergessen ist noch lange nicht vergeben.

## WER GEWINNT, VERLIERT

Jörg will nicht, dass Howard mit seinem Ex-Freund zum Surfen fährt. Er ist eifersüchtig. Er möchte heute Abend noch mal mit Howard darüber sprechen. Aber als er nach Hause kommt, liegt ein Zettel auf dem Tisch. »Alles bleibt gut! Mach dir keine Sorgen! Ich melde mich. Liebe. Dein Howard.« Als Howard am Sonntagabend zurückkommt, liegt auch ein Zettel auf dem Tisch. »Alles bewegt sich! Mach dir Sorgen! Ich melde mich nicht! Liebe? Dein Jörg.«

Zur Therapiesitzung kamen sie danach getrennt. Sie saßen stumm da und vermieden jeden Blickkontakt. Sie waren noch im Kampf. »Es geht Ihnen beiden sicher um etwas Wichtiges. Das möchte ich verstehen«, sagte ich. Denn mir war klar, dass sie, solange sie sich bekämpften, nur verlieren konnten.

Sobald wir beginnen, unsere Bedürfnisse in einer Liebesbeziehung mit Macht durchzusetzen, überschreiten wir eine unsichtbare Linie. Wir wollen gewinnen. Was bedeutet: Unser Partner muss verlieren. Wir sind kein Team mehr, das Konflikte hat. Wir befinden uns im Kampf. Abba sang »The Winner Takes it All«. Aber in Beziehungen stimmt das nicht. In Beziehungen verlieren beide, wenn einer gewinnt. Wir verlassen das Gebiet der Gleichberechtigung. Wir machen den Unterlegenen klein. Denn als Unterlegener erleben wir die Machtlosigkeit und Ohnmacht wieder, die wir als Kind mit den uns überlegenen Erwachsenen erlebt haben.

Es gibt Männer, die verkaufen das gemeinsame Auto, ohne es dem Partner vorher zu sagen. Frauen, die sich ständig mit ihrem Ex-Mann treffen, gleichgültig wie heftig ihr neuer Partner protestiert. Oder Partner machen teure Anschaffungen, laden Freunde zum Grillen ein oder melden sich zu Tauchkursen an, obwohl der andere dagegen ist. Wir ignorieren Abmachungen, wir setzen uns mit Trennungsdrohungen, Liebesentzug oder sogar Gewalt durch ... Wir haben das berechtigte Bedürfnis, selbstständig und unabhängig Entscheidungen zu treffen. Aber wenn wir sie einfach durchziehen, dann ignorieren wir, dass wir unserem Partner genau dadurch das gleiche Recht nehmen.

Meistens sind wir sensibel für diese schwierige Balance. Aber wir verlieren diese Sensibilität, wenn wir uns verletzt fühlen. Dann kündigen wir die partnerschaftlichen Regeln. Dann tun wir alles, um nicht der Machtlose und Unterlegene zu sein. Dann wollen wir bestimmen oder uns, wie Jörg, rächen.

Wer Konflikte nicht konstruktiv führen kann, wer etwa aus einer kompromisslosen, knallharten Familie stammt, der will unbedingt siegen. Weil er nur die Alternative kennt, entweder zu gewinnen oder besiegt und übergangen zu werden. Aber manchmal wollen wir auch nur verhindern, dass unser Kind nicht wegen des Ehrgeizes unseres Partners auf dem falschen Gymnasium landet. Oder unser Partner das viel zu anfällige Laminat bestellt. Doch unser Partner stellt sich quer. Müssen wir uns dann nicht einfach durchsetzen? Vielleicht tun wir es manchmal. Aber wir sollten uns bewusst sein, dass wir unser Verhalten ausführlich miteinander klären müssen. Damit das Vertrauen in der Beziehung nicht unwiederbringlich Schaden nimmt. Denn wer gewinnt, verliert.

## WER ENTSCHEIDET, WER ENTSCHEIDET?

»Wieso entscheidest du das einfach? Ist das plötzlich dein Sohn? Sonst überlässt du ihn ja gerne mir. Ich habe ihn endlich überzeugt, und dann kommt Superpapa, der sonst nicht mal weiß, wie man Elternabend buchstabiert, und entscheidet über meinen Kopf hinweg.« Frau F. ist wirklich zornig auf ihren Mann, der ihren gemeinsamen Sohn Paul nicht wie abgesprochen zum Klavierunterricht angemeldet hat. Herr F. bleibt ruhig: »Er wollte nicht. Und ich fand auch, er hat dieses Schuljahr schon so viel zu tun. Und ändern können wir es …« »Pah«, unterbricht ihn Frau F., »du verstehst es einfach nicht. Du entscheidest Dinge einfach über meinen Kopf hinweg. Hallo, ich bin ja nur die Mutter …« Jetzt unterbricht Herr F. mit lauter, schneidender Stimme: »Kann ich vielleicht mal zu Ende sprechen? Ich habe ja wohl das Recht, hier meine Position darzustellen. Außerdem war es überhaupt nicht so, wie du es darstellst. Das sollten wir jetzt erst einmal klarstellen.« Frau F. schaut auf ihren Mann. Sie zögert einen Augenblick. Den Augenblick, der entscheiden wird. Denn ohne es zu bemerken, spielt das Ehepaar F. gerade »Wer entscheidet, wer entscheidet?«. Das meistgespielte Beziehungsspiel, dem wir, wie Systemiker wie Fritz Simon zeigen, nicht entkommen können. Solange wir uns einig sind, sind Entscheidungen kein Problem. Solange wir einen Kompromiss einverständlich treffen, sind Entscheidungen auch kein Problem. Aber sobald wir im Konflikt miteinander liegen, entsteht ein unlösbares Problem. Denn wie kommen wir jetzt zu einer Entscheidung? Wir sind gleichberechtigt. Keiner kann über den anderen entscheiden. Und selbst dann, wenn ich dem anderen jetzt die Entscheidung überlasse, bin ich es, der gerade entschieden hat, dass mein Partner entscheiden soll. Weshalb solche

Angebote auch meistens wütend zurückgewiesen werden: »Ach, jetzt auf einmal soll ich das entscheiden!« Bewusste Entscheidungen, wie die, ob der kleine Paul nun »Für Elise« spielen lernt, sind noch das geringste Problem. Solche Entscheidungen sind mit einem einigermaßen entwickelten Demokratieverständnis verhandelbar. Viel schwerer wiegen die unbewussten Entscheidungen über den anderen. Entscheidungen, die nicht von Überlegungen, sondern Gefühlen getrieben werden. Wenn Herr F. sich bedrängt fühlt und im Gegenzug ziemlich autoritär auf sein Recht pocht, in Wahrheit aber glaubt, entscheiden zu können, wie die Diskussion abzulaufen habe. Und Frau F. sich von ihrer Empörung leiten lässt, übergangen und unwichtig zu sein. Und dadurch von ihrem Mann fordert, sich vor allem und zuallererst mit ihren Gefühlen auseinanderzusetzen. Wer entscheidet nun, wie es weitergeht? Es gibt keine Lösung. Aber es gibt die Möglichkeit, sich dessen bewusst zu sein. Und das ist oft wertvoller. Wir entscheiden durch unser Verhalten immer wieder übereinander. Wenn uns dieses Dilemma bewusst ist, verstehen wir die heftigen Gefühle besser, die das in uns auslöst. Die plötzliche Wut, das unbändige Bedürfnis, sich zu wehren, dieses einengende Unbehagen, sich bedrängt und ausgeliefert zu fühlen. Gemeinsam können wir verhindern, dass wir uns unbewusst im unlösbaren Konflikt darüber aufreiben, »Wer entscheidet, wer entscheidet?«

## ICH MUSS DICH NICHT SO NEHMEN, WIE DU BIST

»Wie ein Hündchen!« Das saß. Beate atmet tief durch. Hier in der Therapie kann sie so direkt sprechen. »Dauernd fragst du mich, ob ich okay bin. Und beim Sex ist es besonders nervig. Jedes Mal fragst du mich, wie es für mich war. Ob alles gut war. Ob ich glücklich bin. Ich möchte eigentlich auch mal nicht so zufrieden mit unserem Sex sein dürfen, aber ich will dich ja auch nicht verletzen. Jedenfalls nervt es mich, dass du wie ein Hündchen hinter mir herläufst und darum bettelst, bestätigt zu werden!« Oliver sitzt etwas bedröppelt da. Ja, das verstehe er. Aber er sei nun mal so. Und dann kommt der Satz: »Du musst mich ja auch so nehmen, wie ich bin!«

Doch der Satz: »Ich bin nun mal, wie ich bin«, ist allein schon deshalb Unsinn, weil niemand bleiben kann, wie er ist. Wie alles im Universum befinden auch wir uns in stetiger Veränderung. Unser Gehirn kann gar nicht nicht lernen. Und wenn uns irgendetwas verändert, dann das intensive Erleben in einer Liebesbeziehung. Ein verlässlicher Partner kann unsere Trennungsängste heilen, ein unzuverlässiger kann uns beziehungsängstlich werden lassen. Mit einer anderen Person an unserer Seite wären auch wir eine andere Person.

»Du hast doch gewusst, auf wen du dich einlässt«, das klingt wie »gekauft ist gekauft«, und so ist es auch gemeint. Der Partner soll sich zufriedengeben. Was wie ein Appell an die bedingungslose Liebe klingt, ist in Wahrheit eine Verweigerung. Bei Oliver steckt die Angst dahinter, für Beate nicht gut genug zu sein. Er ist eher klein, ein spaßorientierter Selfmade-Mann. Während Beate aus einem Akademikerhaushalt mit einem großen, sportlichen, sehr intellektuellen Vater stammt. Deshalb sucht er ständig ihre Bestätigung. Deshalb soll sie keine Veränderung von ihm fordern, der er vielleicht dann endgültig nicht mehr genügen kann.

Doch jemanden von ganzen Herzen zu lieben, bedeutet ja nicht, dass wir jedes Verhalten unseres Partners hinnehmen. Weder ungewaschene Achselhöhlen, noch übergriffige Griffe in unser Portemonnaie oder nervige Nachfragen. Wir sollten es auch nicht. Die große Aufgabe für Paare besteht ja gerade darin, eine Verhandlungskultur zu entwickeln, um aus zwei einzelnen Leben ein gemeinsames zu formen. »Du musst mich nehmen, wie ich bin«, blockiert von vornherein jedes Aushandeln. Aber heißt es nicht immer, dass man den Partner nicht verändern kann? Bedeutet nicht gleichberechtigte Partnerschaft, tolerant für einander zu sein und einander nicht an der eigenen Selbstverwirklichung zu behindern? Sicher, wir sollten in unserem Liebsten kein Umbau-Projekt sehen und erwarten, dass sich ein Schluffi in einen Styler verwandelt. Aber das ist ja nicht gleichbedeutend damit, dass unser Partner nicht auf unsere Bedürfnisse eingehen kann. Wenn wir lieber zärtlich in den Sex gleiten, kann unser Liebster darauf verzichten, sich jedes Mal sofort und ausschließlich auf unsere Geschlechtsteile zu stürzen. Wir können Rückmeldungen reflektieren und lernen, uns anders zu verhalten. Wer sich wie Oliver hinter der Maske der Unveränderbarkeit versteckt, der arbeitet in Wahrheit hart daran, sich gegenüber dem Partner zu verschließen. Wir müssen niemand so nehmen, wie er ist.

## DER SCHATTEN DES EX IST LANG

»Ich habe dich extra nicht angerufen«, sagt Jeanne. »Du wolltest dich doch ausruhen.« Philipp sieht müde aus. »Ich möchte aber, dass du mich anrufst, wenn du das möchtest. Ich kann ja sagen, wenn ich für mich sein will. Aber ich will nicht den Vorwurf bekommen, dass ich gar keine Zeit für dich hätte.« Jeanne beugt sich vor: »Aber das mache ich doch gar nicht. Ich kann gut für mich sein. Du musst dich nicht unter Druck fühlen.« »Aber Jeanne, ich achte wirklich immer darauf, dass wir genügend Zeit miteinander haben.«, antwortet Phillip. Und ich frage mich, was ich gerade miterlebe. Jeanne und Philipp wohnen getrennt und haben sich das ganze Wochenende nicht gesehen. Das ist klar. Aber wieso sind sie fast loriothaft samtpfötig miteinander? Weshalb sind beide so bedacht darauf, bloß nicht belastend, fordernd oder schwierig füreinander zu sein?

Die Antwort liegt in unserer Art zu lieben, die dazu führt, dass wir stets im Schatten von Ex-Partnern leben. In unserer seriellen Monogamie folgt eine feste Beziehung auf die andere. Wir selbst und unser neuer Partner gehen nicht als unbeschriebene Blätter in unsere neue Partnerschaft, sondern als gebrannte Kinder. Wir wurden verehrt und verwöhnt, aber auch entwertet, bedroht und betrogen. Wenn Beziehungen ein Tanz sind, dann haben wir viele Tanzschritte schon drauf. Wir lieben einige Tänze, hassen andere. Und falls unsere Erfahrungen nicht gut waren, dann tanzen wir vielleicht nicht mehr ganz so gerne eng.

Zu Beginn ihrer neuen Liebe gehen Paare durch die Phase der großen Beziehungsohren. Die Sinne sind überwach. Und alles, was der neue Herzensmensch über seine früheren Beziehungen mitteilt, wird augenblicklich gespeichert. Schließlich besteht innerlich eine Konkurrenz zu allen Vorgängern. Wir lieben und wollen die bessere Frau, der bessere Mann für unsere neuen Partner sein. Um als neuer Partner sicher zu sein, wollen wir aber vor allem nicht die gleichen Fehler begehen, die die letzte Beziehung zerstört haben.

Ein Wunsch, der auch Jeannes und Phillips Verhalten bestimmt. Phillip weiß, wie dominant und abweisend Jeannes Ex-Mann war, wie allein sie sich mit ihm gefühlt hat. Jeanne kennt Phillips Ex-Frau als anstrengende Gefühls-Diva, die er bis zur Erschöpfung unterstützt hat. Deshalb bemüht sich Jeanne, nicht belastend für Phillip zu erscheinen, und Phillip tut alles, damit sie das Gefühl bekommt, dass er immer für sie da ist.

Wir möchten das verletzte Kind im anderen verstehen und beschützen. Unsere Beziehungsgeschichten miteinander zu teilen, hilft uns dabei. Aber wir tun gut daran, zu überprüfen, welche Bemerkungen über die früheren Lebensabschnittsgefährten in unserem Kopf hängen geblieben sind. Denn sobald wir uns unbewusst zu sehr an Ex-Partnern ausrichten, dann bestimmen sie unser Handeln, weil wir versuchen, nicht so zu sein wie sie.

Um eine befriedigende Beziehung zu führen, müssen wir selbst uns aus früheren Beziehungen lösen. Aber oft ist es noch wichtiger, dass sich auch unser neuer Lebensgefährte von den Vorgängern an unserer Seite löst. Denn der Schatten des Ex ist lang.

# V

# AFFÄREN

Von Zeus über mittelalterliche Keuschheitsgürtel bis Othello und »Eine verhängnisvolle Affäre« führt die Spur der Untreue. Trotz öffentlicher Skandale, zu Tode gesteinigter Fremdgeherinnen, teuerster Scheidungen und der harten Arbeit der dominierenden, sexualfeindlichen Weltreligionen am Voraugenführen der Verdammnis, die Menschen schaffen es einfach nicht, treu zu bleiben. Die schier unendliche Geschichte des Fremdgehens belegt, wie schwer uns sexuell ausschließliche Beziehungen fallen. Unsere Idee von der lebenslangen monogamen Zweierbeziehung ist wohl nur eine Idee. Vermutlich lebten wir in kleinen Gruppen unser Nomadenleben, bevor wir vor circa zehntausend Jahren zwecks Ackerbau sesshaft wurden. Ähnlich wie unsere nächsten Verwandten, die Schimpansen und Bonobos, die sexuell Gruppentiere sind. Unsere Urahnen hatten vermutlich mit vielen anderen aus der Gruppe Sex und zogen ihre Kinder gemeinsam groß. Mit den Kids bekommen wir das mittlerweile beinahe wieder hin. Kita nennt sich das Modell. Mit dem Sex ist es offenbar weitaus schwieriger. Sex-Kitas für alle ab achtzehn? Der Psychologe Christopher Ryan und die Psychiaterin Calcida Jetha argumentieren: »Monogamie existiert bei keinem sozialen, in Gruppen lebenden Primaten, außer – wenn man der vorherrschenden Auffassung folgt – bei uns.« Nur drei Prozent aller Säugetiere sind monogam. Aber auch wenn die Wissenschaftler recht haben, die Menschen für monogame Wesen halten, dann bedeutet das nur, dass wir, wie diese kleine Minderheit aus der Tierwelt, fest an unsere Partner gebunden sind. Aber nicht, dass wir ihnen sexuell absolut treu sind. So oder so, mit Tiervergleichen oder Mutmaßungen über das Sexleben unserer Keulen schwingenden Ahnen kommen wir ohnehin nicht weiter. Denn, wie die Sexualtherapeutin Esther Perel es so schön sagt: »Tiere haben Sex, wir haben ein erotisches Leben.« Und sexuelle Untreue ist darin in jedem Fall kein ungewöhnliches Verhalten. Was der englische Schriftsteller Somerset Maugham wiederum so formulierte: »Sie wissen natürlich, dass die Tasmanier, die nie fremdgingen, heute ausgestorben sind.«

Die Statistiken über die Häufigkeit des Fremdgehens schwanken zwischen sechsundzwanzig und fünfundsiebzig Prozent. Männer gehen statistisch gesehen viel öfter fremd als Frauen. Was logischerweise die Frage aufwirft: Mit wem eigentlich? Offenbar werden nicht nur die Partner, sondern auch die Wissenschaftler dreist hinters Licht geführt. Der Sexualtherapeut Christoph Ahlers schätzt, dass fünfzig Prozent der von ihm behandelten Paare Außenkontakte haben. Bei der US-amerikanischen Paartherapeutin Michele Weiner-Davis sind es fünfundachtzig bis neunzig Prozent aller Paare, und in meiner Praxis verarbeiten auch ungefähr fünfzig Prozent der Paare irgendeine Form von Untreue. Soweit ich das weiß. Denn selbst in der Paartherapie, manchmal erfahre ich davon Jahre später, werden Affären verschwiegen. Paare arbeiten scheinbar hart an ihrer Beziehung, aber ein Partner oder sogar beide sind trotzdem noch gleichzeitig in eine geheime Affäre verstrickt.

Mit Sicherheit wissen wir also nur, untreu werden viele, sehr viele. Wobei Untreue nicht jedes Mal gleich eine Affäre sein muss. Ein Partner kann sich auch betrogen fühlen, wenn sein Liebster im Chatroom Verbal-Sex betreibt, insgeheim weiter auf einer Dating-Plattform aktiv bleibt oder mit seiner Kollegin rumgeknutscht hat.

»Monogamie ist die Norm und sexuelle Treue gilt als reif, engagiert und realistisch«, so Ryan und Jetha. Wer sich heute zum geheimen Seitensprung davonstiehlt, der scheint irgendwie unreif zu sein. Er steht unter dem schweren Verdacht, sein Leben nicht im Griff zu haben. Sexuelle Untreue wird in unseren aufgeklärten Gesellschaften nicht mehr moralisch verdammt. Wir sind ja nicht mehr zu unseren Beziehungen verpflichtet. Es steht uns frei, zu gehen. Eine Scheidung ist eine für jeden zugängliche Entscheidung. Aber genau deshalb, so die neue Regel, sollte, wer gehen will, auch gehen. Fremdgehen ist keine Schande, weil es unmoralisch ist. Die Schande ist, fremdzugehen, obwohl man doch gehen könnte. Die Schande ist, eine Affäre zu haben und zu bleiben.

Wenn wir aber aus moralischen, religiösen oder anderen Vorstellungen daran festhalten, dass Fremdgehen etwas Fehlerhaftes oder Schlechtes ist, dann unterstützen wir, dass Affären stattfinden. Dann bekommen sexuelle Affären eine zusätzliche Bedeutung. Denn wenn fremdzugehen und eine Affäre zu beginnen nicht normal ist, dann ist es außergewöhnlich. Was ja »ungefähr genau« das Gefühl ist, das wir in solchen Situationen haben. Es sind besondere Kräfte am Werk, die uns vom vorgesehenen Weg abbringen. Beim Fremdgehen ist es ein unwiderstehlich starker Impuls, bei der Affäre eine schicksalhafte Begegnung, eine ganz außergewöhnliche Anziehung. Das Außergewöhnliche wird zu einer Begründung für die Untreue. Denn wie könnten wir uns unserem Schicksal verweigern? Erst wenn wir Fremdgehen normalisieren, nehmen wir auch unseren Affären einen Teil ihrer mystischen Aura. Wenn ein Seitensprung gewöhnliches Verhalten ist, dann stärken wir damit unsere Entscheidungskraft. Das Fremdgehen verliert den Bonus des Außergewöhnlichen, des Tabubruchs, des Verbotenen. Wenn Adam und Eva nicht diese eine ganz besondere Frucht verboten worden wäre. Vielleicht wären wir ja noch im Paradies …

Wir würden auch weiter fremdgehen, wenn wir Untreue als normales Verhalten ansehen würden. Aber es würde uns dann paradoxerweise leichterfallen, uns dafür zu entscheiden, treu zu bleiben. Denn gegen einen »normalen« Impuls können wir uns leichter entscheiden als gegen einen außergewöhnlichen. Dann ist Treue nur noch eine Frage der Entscheidung. Und letztlich ist sie genau das. Denn, so bemerkt der englische Psychotherapeut Adam Phillips ganz richtig: »Es gibt immer jemanden, der mich mehr lieben, besser verstehen und sexuell lebendiger halten würde. Das ist die beste Rechtfertigung, die wir für die Monogamie haben – und für die Untreue.«

Es geht mir nicht darum, in die beziehungsskeptische Sicht der vom Leben gebeutelten Endvierziger zu verfallen, dass irgendwann sowieso alle fremdgehen, sondern im Gegenteil unser Verständnis dafür zu verstärken, dass wir in Situationen geraten können, in denen wir den Impuls haben, unsere feste Beziehung für ein Abenteuer zu verlassen. Bisher leben wir unaufrichtig. Jeder kennt Paare, ob prominent oder aus dem Bekanntenkreis, in denen es Untreue gab oder gibt. Aber wir machen uns vor, dass es in unserer Beziehung nicht passieren wird. Wir glauben an den

Präventivmythos, der besagt, dass wir in einer guten Beziehung vor einem Seitensprung geschützt sind. Wir sehnen uns so sehr nach Sicherheit, dass wir uns vormachen, wir wären sicher, wenn eine Beziehung nur gut läuft. Wir möchten, wie Kinder, vertrauen können. Mit Mama und Papa kann uns nichts passieren, sie sind immer für uns da. Kindliches Vertrauen ist uneingeschränkt. Wenn wir so vertrauen, dann können wir uns einerseits ganz sicher fühlen, aber andererseits werden wir die Anzeichen für eine Affäre leicht übersehen. Weil nicht sein kann, was nicht sein darf. Aber wir wissen, so ist das Leben nicht. Es gäbe gar nicht so etwas wie Vertrauen, wenn es nicht zu brechen wäre. Wir wissen, dass wir in jeder Liebesbeziehung betrogen werden können. Und es ist sinnvoller, dass wir uns wirklich damit beschäftigen, wie ein Seitensprung zustande kommt.

Der erste Schritt ist, Affären nicht länger als hauptsächlich sexuelle Ereignisse zu verstehen. Natürlich geht es in Affären fast immer um Sex. Wir fühlen uns zu jemand hingezogen. Wir haben schließlich Sex. Und speziell beim Orgasmus wird das wichtigste Hormon unseres Bindungssystems ausgeschüttet: Oxytocin. Und zum Affären-Partner entsteht eine selige Verbundenheit. Doch eine Affäre ist kein sexueller Notfall. Und meistens auch nicht die Begegnung mit einem unwiderstehlich attraktiven Menschen. Affären haben wir nicht wegen unseres Affären-Partners. Affären haben wir für uns selbst. Sie lassen uns uns wieder lebendig fühlen. Sie beleben in uns verloren gegangene Anteile unseres Selbst. Wir befreien uns von unseren Partnern, die wir als dominant, entwertend oder überlegen wahrnehmen. Wir bekämpfen unsere Trennungsängste, indem wir uns scheinbar unabhängig machen. Wir sind wieder so albern, kreativ, wagemutig, sehnsuchtsvoll, optimistisch, veränderungsbereit oder begeistert, wie wir es in unserer negativ eskalierten festen Beziehung nicht mehr sein können.

In Untersuchungen gaben sechzig Prozent der Befragten an, sie würden sich bei einem Seitensprung ihres Partners sofort trennen. Tatsächlich zerbrechen aber nur ein Viertel aller betroffenen Partnerschaften daran. Affären kann man überleben. Es ist nicht einfach, aber häufig ist eine Affäre ein notwendig gewordener Weckruf. Eine Chance für eine Beziehung. Weil endlich auf den Tisch kommt, was lange daruntergekehrt wurde.

## WIE AFFÄREN ENTSTEHEN

Affären beginnen wir selten, weil wir diese unglaublich charismatische Frau auf dem Bahnsteig treffen. Oder neben diesem umwerfenden Blonden auf der Parkwiese liegen und ihm umgehend eine Affäre anbieten. Affären entstehen. In den allermeisten Fällen schleichend. Gelegenheit macht Liebe. Sie entstehen aus Arbeitsbeziehungen, aus Freundschaften, aus Bekanntschaften im Chor und gelegentlich aus dem vertrauten nachbarschaftlichen Umgang. Typischerweise entsteht eine zunehmende emotionale Nähe und Vertrautheit, die allmählich immer bedeutender wird, bis dann die sexuelle Grenze überschritten wird.

Der allererste Schritt in Richtung Untreue ist getan, sobald wir beginnen, ernsthafter darüber nachzudenken, wie sich wohl eine Beziehung zu einem anderen Partner anfühlen würde. Wenn wir beginnen zu vergleichen. Wenn wir beginnen, uns mit anderen Beziehungen zu beschäftigen statt mit unserer eigenen. Wir weichen aus. Wir malen uns wunderbare Alternativen aus, statt unsere unerfüllten Wünsche in unsere Partnerschaft zu tragen. Unsere Beziehung hat in diesem Vergleich keine Chance. Die Fantasie schlägt die Wirklichkeit immer. Wir distanzieren uns innerlich immer mehr von unserer Beziehung, bis sie uns wirklich massiv ungenügend erscheint.

Vergleichen ist der eine beziehungsgefährdende Prozess, Abschotten der andere. Die US-amerikanische Beziehungsforscherin Shirley Glass beschreibt die Abschottung gegenüber unserem Partner und die gleichzeitige Öffnung gegenüber einer anderen Person als den zentralen Mechanismus, der in eine Affäre führt. In unserer Beziehung sind wir genervt, weil wir in ihr endlos den immer gleichen Streit erleben. Wir sprechen nichts mehr an, weil dann wenigstens Ruhe herrscht. Wir verziehen uns im Ehehafen frustriert hinter der Kaimauer und schweigen. Dafür beginnen wir mit dem netten Kollegen intensiver zu plaudern. Wir gehen häufiger mittags mit ihm in die Kantine und laufen neuerdings auch gemeinsam zur U-Bahn. Natürlich vergleichen wir unseren netten, zugewandten Kollegen mit unserem beziehungsresignierten, stinkstiefeligen Angetrauten. Der Kollege wird unsere neue Vertrauensperson. Und schon haben wir noch weniger Bedürfnis, am heimischen Abendbrottisch schwierige Beziehungsgespräche zu führen. Langsam wird wahr, was Sacha Guitry zynisch beschrieb: »Die Ketten der Ehe sind manchmal so schwer, dass man sie nur zu dritt tragen kann.« Wir geraten emotional auf die schiefe Ebene. Denn wir beginnen unseren neuen besten Freund jetzt auch direkt in unsere grausige Ehesituation einzuweihen. Schließlich machen wir einander Komplimente und sagen Dinge zueinander, die wir niemals sagen würden, wenn unser Partner in der Situation anwesend wäre. Wir schaffen eine Intimität mit einer anderen Person, die unser Partner niemals miterleben dürfte. Ein sicheres Anzeichen, dass wir eine Grenze überschreiten, die nicht ungefährlich ist. Wir flirten und gestehen einander dann, dass wir uns erotisch attraktiv finden, aber wir sind ja … ach was soll's! Wir sind bereits so ins Rutschen gekommen, dass ein Kuss nur logisch ist. Und landen letztlich mit dem Kollegen zwischen den Laken. Wo sich die emotionale Nähe im sexuellen Kontakt erfüllt und noch verstärkt. Und schon ist es passiert. Wir haben eine Affäre. Und was noch schlimmer ist: Wir wollen sie haben. Das Schuldkarussell mag sich in uns noch so rasend schnell drehen. Wir möchten auf keinen Fall aussteigen. Denn wir fühlen uns wieder lebendig. Wir bekommen so viel positive Rückmeldung und Bestätigung wie lange nicht mehr. Wir fühlen uns als Mann oder Frau wieder geschätzt und gestärkt. Die Affäre ist für viele das letzte befreiende Abenteuer in unserer durchoptimierten, geregelten Welt zwischen Bürostuhl, Laufband und Einbauküche. Aber wir zerstören damit möglicherweise, was uns mehr bedeutet als alles andere auf der Welt.

Denn irgendwann leuchtet eine verdächtige Nachricht auf dem Handy auf, kommt ein Anruf zur falschen Zeit oder bleiben Kondompackungen neben dem Vordersitz liegen. Oder die Affäre wird freiwillig gestanden, weil den Untreuen seine Schuldgefühle in die Knie zwingen. Aus einem im Geheimen Betrogenen wird von einer Sekunde auf die andere ein tief verletzter Mensch. Unsere Welt bricht zusammen. Es ist eingetreten, von dem wir allen Wahrscheinlichkeiten zum Trotz gedacht haben, dass es nie geschehen würde: Wir wurden hintergangen. »Wir sind uns treu.« Diese Sicherheit ist schlagartig und ein für alle Mal zerplatzt wie eine überdimensionale Seifenblase. Es fühlt sich an, als sei die ganze Beziehung verloren. Und das ist wahr. Denn selbst wenn der Untreue zurückkehrt, die Beziehung, die existierte, ist unwiederbringlich vorüber. Sie wird es nie wieder geben. Jetzt kann nur eine neue Beziehung beginnen. Wir haben mehrere Beziehungen in unserem Leben. Und manche davon sogar mit demselben Partner. Aber im Augenblick wissen Verletzte überhaupt nicht, ob sie das jemals wieder wollen.

Als Untreuer sind wir dagegen möglicherweise erleichtert. Wir müssen die Last des Geheimnisses nicht mehr tragen. Trotz aller Schuld können wir unserem Partner wieder leichter in die Augen schauen. Gleichzeitig schieben wir Panik, dass uns der Partner verstößt, und wir unseren Geliebten aufgeben müssen. Können wir das von jetzt auf gleich? Wollen wir das? Als Partner leben wir jetzt auf unterschiedlichen Planeten. Und die Frage wird sein, ob wir es wieder in eine gemeinsame Umlaufbahn schaffen werden.

»Weiß ich alles?«, fragen wir als der Verletzte und haben mehr Fragen, als wir stellen können. Unser Kopfkino rattert unentwegt. Die Paartherapeutin Janis Spring zitiert dazu eine Klientin: »Es ist nicht so, dass ich keine Entscheidung treffen könnte, ich kann gar nicht aufhören, welche zu treffen.« Im völligen Gefühlschaos wollen wir uns sofort trennen, weil es unser Stolz gebietet. Doch im gleichen Atemzug wollen wir den jetzt hassgeliebten Partner unbedingt zurückerobern. Wo wir doch tausendmal die bessere Wahl sind, verglichen mit der Schnepfe, die er flachgelegt hat. Und im nächsten Moment fragen wir uns, was die andere hat, was wir nicht haben. Wir wollen ihn schlagen und gleichzeitig weinend an seiner Brust zusammensinken. Wir wollen sofort tausendmal Sex mit ihm und im gleichen Moment sollen diese Hände, die den anderen Körper berührt haben, uns nie wieder anrühren.

Natürlich geht es zunächst darum, ob aus der Dreierbeziehung wieder eine Zweierbeziehung wird. Wenn der Untreue erst mal keine Entscheidung fällt, dann ist die Aufarbeitung der Affäre sehr schwierig, manchmal unmöglich. Denn als Verletzte werden wir immer wieder von Eifersucht, Schmerz und Wut überwältigt werden. Solange die Beziehung zum Affären-Partner existiert, ist dieser bei allen Klärungsversuchen immer als Bedrohung präsent. Und unsere Verlustängste entzünden sich an dieser Bedrohung wie Stroh in der Nähe einer Flamme und verhindern dann jede Aufarbeitung.

Ein Dritter kann in jede Partnerschaft eindringen. Damit die Beziehung wieder heilen kann, gilt es die Fehler zu vermeiden, die nach meiner Beobachtung so viele Paare machen.

### AFFÄREN AUFARBEITEN

Als verletzter Partner brauchen wir jetzt drei Dinge: Offenheit, Offenheit und die richtige Offenheit. Denn die Zukunft unserer Beziehung wird in der Auseinandersetzung über die Affäre entschieden, im schmerzhaften Klärungsprozess, der viel mit einer Achterbahnfahrt gemein hat. Nur wenn sich unser untreuer Partner in der Auseinandersetzung als zuverlässig und ehrlich erweist, können wir als Verletzte wieder Sicherheit gewinnen und Vertrauen entwickeln.

Die erotische Episode und die emotionale Bedeutung der Geliebten sind bald nicht mehr der Hauptschmerz. Es ist der Betrug, der so schwer wiegt. Belogen worden zu sein, perfide getäuscht, ausgetrickst. Unser Vertrauen missbraucht zu haben und sich ohne unser Wissen von uns abgewandt zu haben, das stellt die Beziehung infrage.

»Wann hat es angefangen? Hast du daran gedacht, mich zu verlassen? Waren alle deine Überstunden Lügen?« Alle Karten gehören auf den Tisch. Als Untreuer sollten wir dem Verletzten alles ermöglichen, was diesen sicher fühlen lässt. Das ist häufig ein schwieriges Thema. Wenn der Verletzte jede eingehende Mail lesen will, alle unsere Kontoauszüge kontrolliert. Wenn er verlangt, dass wir das Fitnessstudio wechseln, weil unser Geliebter dort auch trainiert, dann ist es noch einfach. Aber wenn er verlangt, dass wir den Job wechseln, weil der Geliebte ein Arbeitskollege ist, dann ist das vielleicht nicht möglich. Dann ist große Offenheit notwendig und die Bereitschaft, jede nicht zu vermeidende Begegnung mitzuteilen. Dem Verletzten jedes Recht auf Kontrolle und Überprüfung einzuräumen, fühlt sich erniedrigend an, ist aber zunächst der Königsweg, um Vertrauen wiederherzustellen. Doch irgendwann, nach Wochen oder Monaten, kann auch der Punkt kommen, an dem alles mehrfach gestanden und erklärt ist. Jetzt fühlt sich Misstrauen des Verletzten wie eine Endlosschleife an. Dann kann es wichtig sein, dass wir als Untreuer nicht mehr brav alles Beantwortete noch mal beantworten, sondern uns neu positionieren. »Ich verstehe, dass es schwer für dich ist, wieder Vertrauen zu mir zu finden. Aber ich bin hier. Bitte fühl auch, dass ich jetzt hier bin!«

Jedes Paar muss seinen eigenen Weg finden. Es geht darum, wieder Sicherheit herzustellen. Wenn der Verletzte erlebt, dass wir uns bemühen, ihm Sicherheit zu geben, dann ist das heilend. Den Forderungen des verletzten Partners nachzukommen, die endlosen Fragen zu beantworten, verlangt Geduld und Engagement. Es ist eine Wiedergutmachung.

Aber es gibt noch eine Grenze der Offenheit. Plastische Bilder wird man schlecht wieder los. Sie quälen uns nur. Und außer Qualen bringt es uns nichts, wenn wir wissen, wann, wo, wie lange, wie oft unser Partner Sex mit dem anderen hatte oder gar, wie der Geliebte im Bett war. Wir wollen im Grunde auch etwas ganz anderes wissen. Wenn wir fragen: »Wo warst du?« wollen wir keine Antwort über das äußere Leben. Wir suchen eine Antwort über das innere Erleben.

»Wo warst du innerlich? Was ist in dir vorgegangen? Wie war es, zwischen ihm und mir zu stehen? Wie ging es dir damit, mich anzulügen?« Die wichtigen Fragen sind nicht die nach dem Hotel, in dem sich das Paar getroffen hat, sondern nach der Bedeutung, die die Affäre für den Untreuen hatte. »Was hat dazu geführt, dass du immer weitergegangen bist? Was war gut für dich, was hast du während der Affäre an dir gemocht? Inwiefern warst du anders?« Das ist der eine Teil der Fragen. Der andere lautet: »Wieso bist du wieder zurück? Was bedeutet dir unsere Beziehung? Wer bin ich für dich? Bist du wirklich froh, wieder zurück zu sein?

## SALAMITAKTIK UND BAGATELLISIEREN

Viele Untreue rücken nicht mit der ganzen Wahrheit heraus. Aus sechs Monaten machen sie drei Wochen, aus Orgien flüchtige Küsse. Aus einem langen Plan wird ein zufälliges Ereignis. Als Untreuer haben wir Angst. Wir möchten den Partner nicht noch mehr verletzen. Wir fürchten, dass er sich endgültig von uns abwenden könnte, wenn er mit der ganzen Wucht unserer Affäre konfrontiert wird. Doch dadurch machen wir alles noch schlimmer.

Das Vertrauen, die Basis jeder Beziehung, ist schwer beschädigt. Doch wenn wir als Untreuer mit der Wahrheit nur scheibchenweise herausrücken, zerstören wir möglicherweise endgültig, was noch zu heilen gewesen wäre. Wenn wir glaubhaft versichern, dass wir jetzt die Wahrheit sagen, dass wir alles gestanden haben, und dann stellt sich heraus, dass wir wieder gelogen haben, wird es uns kaum gelingen, wieder vertrauenswürdig zu werden. Wir entwerten jede Zusicherung, jeden Schwur zu leeren Worten. Und berauben uns selbst der Chance, wieder als verlässliches Gegenüber wahrgenommen zu werden.

Auch zu bagatellisieren ist keine gute Idee. Wir versuchen dann zu erklären, dass ja alles nicht so bedeutsam gewesen sei, wie es jetzt aussehe. Dass es keine Liebe, nur banale Lust gewesen sei. Und wir es gar nicht ernst genommen hätten. Dass im Grunde gar nichts gewesen sei, was unseren Partner verunsichern müsse. Doch den Partner auf diese Weise zu beruhigen, weckt nur sein Misstrauen. Denn wenn es doch alles so banal und nebensächlich war, wieso haben wir dann dafür unsere Partnerschaft aufs Spiel gesetzt und das so wichtige Vertrauen zueinander gebrochen? Statt Sicherheit schaffen wir mehr Unsicherheit. Denn wer wird schon einem Partner wieder vertrauen, der schon wegen angeblicher Lappalien zum Lügner wird?

Wenn wir als Untreuer dagegen nicht warten, bis der Verletzte uns jede Information aus der Nase zieht, dann hilft das, Vertrauen aufzubauen. Wenn wir aktiv die Karten auf den Tisch legen und von uns aus das Gespräch über unsere Affäre und unsere Partnerschaft anbieten, dann bekommt unser Partner eher das Gefühl, dass uns wirklich daran liegt, Vertrauen wieder möglich zu machen.

### VERANTWORTUNG ÜBERNEHMEN

Als Untreuer fühlen wir uns schuldig. Aber es geht nicht darum, sich jetzt die Büßerkutte überzuwerfen, sondern darum, die volle Verantwortung für unser Handeln zu übernehmen. Sobald wir ein »Aber« in die Übernahme unserer Verantwortung einflechten, hört ein verletzter Partner, er werde mitschuldig an der Affäre gemacht. »Ja, ich habe dich betrogen, aber es war ja auch damals gar nicht mehr leicht, an dich heranzukommen.« Für Verletzte klingt das, als hätten sie selbst verursacht, betrogen worden zu werden. Nur wenn wir die ganze Verantwortung für unser Handeln übernehmen, werden wir wieder glaubhaft. Denn nur dann können wir uns auch wirklich wieder für die Beziehung entscheiden. Als Opfer der Umstände sind wir nicht vertrauenswürdig. Denn dann können wir ja stets wieder Opfer anderer Umstände werden.

Sicherlich gab es auch Gründe innerhalb unserer Beziehung, die dazu beigetragen haben, dass wir eine Affäre hatten, darüber müssen wir uns als Paar auseinandersetzen. Aber wir sollten sie nie als Entschuldigung für unser Verhalten anführen.

## BETRÜGER BETRÜGEN

Es ist verständlich, dass wir als Verletzte endlos darum kreisen und nachfragen, wie uns der Partner so etwas antun konnte. Uns so belügen konnte. Und noch zu behaupten, die blonden Haare auf der Jacke stammten von einer Kollegin, die, man stelle sich mal vor, gerade unter extremem Haarausfall wegen ihre Chemotherapie leide, als wir, schon misstrauisch geworden, nachgefragt haben, ob da nicht vielleicht etwas sei. Diese Dreistigkeit! Wo er doch merken musste, wie sehr wir leiden. Waren wir ihm so gleichgültig? Nein! Aber ein erfolgreicher Kunstfälscher wird sich nicht bei jedem Bild aufs Neue fragen, ob es rechtens ist, noch einen weiteren gefälschten Dalí zu produzieren. Sobald die Entscheidung zur Unehrlichkeit gefallen ist, wird der Geliebte zum Betrüger. Und Betrüger betrügen. Sobald die rote Linie einmal überschritten wurde, wird mit jeder Lüge die vorhergehende gedeckt, und wir geraten immer tiefer in den Sumpf des Vertrauensbruchs. Denn gleichzeitig bekommt unsere Affären-Beziehung mehr Bedeutung, weil wir für sie jetzt schon so viel riskiert haben. Wir rechtfertigen nach einem psychologischen Gesetz unseren Aufwand. Wenn wir so viel Energie in die Affäre stecken, dann, so der Fehlschluss, muss sie uns auch viel bedeuten. Und schon lohnt es sich, weiter für sie zu lügen.

### ENTWICKLUNGSCHANCE

Eine Affäre ist kein eindeutiger Beleg, dass etwas mit unserer Beziehung nicht in Ordnung war. Eine Affäre mag unwahrscheinlicher sein, wenn wir uns nah sind. Aber mancher ist auch schon in eine Affäre geflüchtet, weil er gar nicht aushalten konnte, wieviel ihm sein Liebespartner bedeutete. Häufig sind Affären ein Signal. Wir beginnen eine Affäre, weil wir in unserer Beziehung resigniert haben, weil wir uns zutiefst einsam und nicht verstanden fühlen oder weil wir dadurch unsere oft uneingestandenen Beziehungsängste mildern können. Eine Affäre ist immer ein Weckruf. Leider kommt er manchmal zu spät. Aber meistens bietet eine Affäre eine große Chance für die Beziehung. In dieser unsicheren und angespannten Situation, in der es um die Existenz der Beziehung geht, sind wir motivierter, uns dem Beziehungsgeschehen zu stellen. Weil wir Angst haben, alles zu verlieren. Und wir werden die Affäre nur heilen können, wenn wir unsere ganze Beziehung heilen.

Letztlich ist jede Liebesbeziehung auch eine Geschichte. Nach einer Affäre muss diese Geschichte neu geschrieben werden. »Wie war unsere Beziehung vor der Affäre?

Was haben wir nicht voneinander mitbekommen, worauf haben wir nicht reagiert, was haben wir einander nicht mitgeteilt?

Wie hast du dich in unserer Beziehung gefühlt, bevor die Affäre begann?

Wer bin ich für dich? Und was siehst du in unserer Beziehung, dass du in ihr weiterleben willst?«

Das sind keine Verhörfragen an den Untreuen, sondern Fragen, die wir spätestens nach einer Affäre gemeinsam und jeder für sich neu beantworten muss. Wir sprechen jetzt intensiver und ernsthafter miteinander. Führen bessere und tiefere Gespräche als vor der Affäre. Das ist die Chance. Die Antworten, die wir finden, erzählen die neue Geschichte, wer wir als Paar waren, und wer wir als Paar sind.

### KEINE ABRECHNUNG

Ich habe bis hier ausführlicher die Bedürfnisse des verletzten Partners geschildert und die möglichen Irrwege, die Untreue einschlagen können. Es gibt aber auch Reaktionen des verletzten Partners, die die Aufarbeitung einer Affäre verhindern. Denn Verletzung und Kränkung anzunehmen, fällt schwer. Wir wehren uns gegen diese schmerzhaften Gefühle, weil sie unser Selbstbewusstsein auf eine harte Probe stellen, und weil wir durch sie erleben, wie verletzbar wir sind. Gerade jetzt, wenn wir so machtvoll damit konfrontiert sind, wollen wir unsere Verletzlichkeit, unsere Abhängigkeit nicht fühlen. Wir wehren die bedrohlichen Gefühle ab, die uns verraten, wie ausgeliefert wir sind, wenn wir Nähe und Vertrauen leben, wie wenig Kontrolle wir tatsächlich über unser (Liebes-)Leben haben. Wir schützen uns davor, zu erleben, wie machtlos wir in der Liebe sind. Die durch eine Affäre verletzten Partner erleben das in voller Härte, und genauso massiv wehren viele diese Gefühle dann ab. Sie ziehen sich hinter einer Mauer aus Verachtung und Ablehnung zurück und begeben sich völlig in die

Opferrolle. Sie demonstrieren nicht nur ihr berechtigtes Leid, sondern leiten aus ihrem Schmerz ab, was für ein verwerflicher, unwürdiger und minderwerter Mensch ihr untreu gewordener Partner ist. Sie nehmen Rache und nutzen die schwache Position des Untreuen, um mit ihm abzurechnen. Alles, was sie am anderen zu kritisieren haben, was ihnen in der Beziehung nicht gefällt, jetzt scheint ihnen der geeignete Zeitpunkt gekommen, um ihre Vorstellungen durchzusetzen. Ein wahrer Shitstorm ergießt sich über den Untreuen, mit der Botschaft: Du hast dich falsch verhalten, jetzt musst du dafür büßen. Der Untreue wird behandelt, als habe er jedes Recht in der Beziehung verwirkt. Er ist der Böse, der verletzte Partner ist der moralisch Tadellose, der Gute. Logischerweise ziehen wir uns im ersten Schock zurück, wenn wir von einer Affäre unseres Liebsten erfahren. Wir müssen erst einmal verdauen, was wir plötzlich klar vor Augen haben. Aber wenn wir ehrlich sind, dann spüren wir nicht nur Ablehnung gegenüber unserem Partner, sondern haben auch Angst, ihn ganz zu verlieren, und unsere Sehnsucht nach einer Nähe, die leider lange Zeit nicht erreichbar war, kann in uns aufbrechen. Das wird verleugnet. Der Verletzte verbirgt seine Bedürfnisse und lässt den Partner zappeln. Er lässt ihn allein, scheint desinteressiert an der Beziehung und versucht so, den untreuen Partner gefügig zu machen und ihm ebenfalls wehzutun.

Doch Rache wirkt hier nicht. Die eigene Verletzung wird nicht leichter zu ertragen, wenn wir den anderen jetzt auch verletzen. Die eigene Demütigung nicht geringer, wenn wir den Partner demütigen, das Gefühl, ausgeliefert und schwach zu sein, verschwindet nur scheinbar, wenn wir den anderen klein und unterwürfig machen. Der Verletzte muss anerkennen, dass auch der Untreue ein Recht auf Schutz und Respekt hat. Es ist notwendig, so ungerecht es ihm auch erscheint, dass er nun einen annehmenden Weg findet, mit der eigenen Verletztheit umzugehen, statt rachsüchtig nach Möglichkeiten zu suchen, dem Partner wehzutun.

## AFFÄREN HEILEN

Heilen bedeutet nicht, dass alles wieder so wird, wie es einmal war. Wie eine körperliche Verletzung braucht auch die Heilung der Affäre viel Zuwendung und einen langen Atem. Selbst nach Jahren kann eine Filmszene, eine Assoziation, ein Gefühl, ein Traumbild genügen, und schon ist ein Flashback ausgelöst. Der alte Schmerz erwacht wieder. Dieses wellenartige Wiederaufleben verletzter Gefühle bedeutet nicht, dass es kein neues Vertrauen gibt. Veränderungsprozesse laufen nicht kontinuierlich ab, sondern eher sprunghaft. Und das neue Vertrauen ist kein absolutes Vertrauen mehr.

Oft tauchen Zweifel auf der Seite des Verletzten auf, wieso der Partner sich jetzt wieder zu ihm bekennt und in die Beziehung zurückkehrt. Will er wirklich mit uns zusammen sein, weil er uns liebt? Oder will er einfach nur sein gutes Leben zurück? Die Familie, die Kinder, das Haus, die gemeinsamen Skiurlaube und den Freundeskreis? Es ist eine verständliche Frage, die sich der zurückgekehrte Untreue auch stellen sollte. Aber es ist auch eine zutiefst romantische Frage, die schwer zu beantworten ist. Wir können unsere Liebe fühlen. Aber ob wir einander genauso lieben würden, wenn wir nicht gemeinsam unsere Kinder lieben würden, wie sollen wir das beantworten? Selbst als wir ein Paar wurden, haben äußere Faktoren wie unser Lebensstil, unser Freundeskreis oder unsere Wohnung schon eine Bedeutung gehabt. Und nach vielen Jahren gemeinsamen Lebens ist das, was wir uns zusammen geschaffen haben, schwer von uns als Person zu trennen. Romantische Ideale sind immer eine Illusion. Wir fragen danach, weil wir uns durch sie Gewissheit versprechen. Doch romantische Liebe ist kein Treuebund. Die Erfinder der romantischen Liebe, die Troubadoure des Mittelalters, wären nie auf die Idee gekommen, mit ihrer Angebeteten gemeinsam den Burghof zu fegen.

Letztlich möchten wir als verletzter Partner fühlen, dass unser Schmerz den anderen erreicht. Wir möchten spüren, dass es unserem untreuen Lebensgefährten wehtut, uns wehgetan zu haben. Denn die Gewissheit, dass unser Schmerz unserem Partner nicht gleichgültig ist, ist unser Schutz davor, dass er uns wieder wehtut. Wenn wir erleben, dass unser Partner mit uns fühlt, dann können wir ihm wieder vertrauen. Wenn er uns in den Arm nimmt, sobald uns schmerzhafte Gedanken einholen. Wenn er Reue und Beschämung zeigt. Wenn er wegfährt und sich erkundigt, was er für uns tun kann, damit wir uns deshalb nicht ängstigen. Wenn er nicht so tut, als sei jetzt schon wieder alles in Ordnung, sondern anerkennt, dass die Affäre immer noch schmerzt.

### VERSÖHNEN

Schließlich geht es darum, sich zu versöhnen. Sich zu entschuldigen und zu verzeihen. Wir entschuldigen uns bei unserem Partner, aber letztlich tun wir es, damit wir selbst innerlich wieder frei ihm gegenüber werden. Wir verzeihen unserem Partner, aber wir verzeihen ihm letztlich, damit wir unser Leben von Groll und Vorwürfen befreien. Es kann lange dauern, bis es uns möglich ist, zu vergeben. Das Wissen um die Möglichkeit, sich auszusöhnen, hilft, die notwendigen Schritte zu tun. Wir erleben deutlicher, was noch zwischen uns steht. Was uns noch fehlt, um wirklich wieder gut und nah miteinander sein zu können.

Als Untreuer fühlen wir uns schuldig gegenüber unserem Partner, weil wir ihm wehgetan haben. Aber häufig bereuen wir die

Affäre an sich nicht. Jemand anderen geliebt zu haben, erscheint uns nicht als etwas Unrechtes. Wenn wir es könnten, würden wir möglicherweise die Affäre und unsere feste Liebesbeziehung gleichzeitig leben. Was uns schmerzt, ist der Betrug an unserem Partner. Dass wir ihm wehgetan haben. Wenn wir uns diese Unterscheidung erlauben, kann es leichter für uns sein, die Verantwortung für unser Handeln und den Schmerz des Partners anzunehmen.

Wichtig ist, dass wir uns dann wirklich aussöhnen. Von Angesicht zu Angesicht. Nicht nebenbei, sondern am besten, indem wir unsere Gefühle, wenn wir innerlich so weit sind, mit einem Ritual ausdrücken. Indem wir einen Ort und einen Zeitpunkt finden, an dem wir um Verzeihung bitten. Einfache Sätze sind dabei immer wirkungsvoller und ehrlicher. Die Worte transportieren nur die Gefühle und Einsichten, auf die es ankommt.

Als der Untreue erkennen wir an, dass wir unseren Partner verletzt haben. Wir drücken unser Gefühl der Reue aus, sagen, dass es uns leidtut, ihm so viel Schmerz zugefügt zu haben. Wir versprechen, es wiedergutzumachen. Und wir bitten um Verzeihung.

Als der Verletzte erkennen wir die Gefühle des um Verzeihung Bittenden an. Wir erklären, dass wir unsere Verletzungen loslassen und verzeihen unserem Partner.

## EPILOG: IMMER EHRLICH?

Nach dem berühmten Zwei-Promille-Fick auf der Weihnachtsfeier stellen sich viele die Frage, ob es sich dafür lohnt, den Partner zu verletzen. Oder ob wir dieses Ereignis nicht lieber geheim halten, weil die Verletzung unseres Partners viel größer sein wird als die Bedeutung, die dieser alkoholisierte Quickie wirklich hatte. Etwas, das jeder für sich entscheiden muss. Etwas, das davon abhängig ist, wie gut oder schlecht wir mit Geheimnissen leben können. Wie sehr sich die Unaufrichtigkeit, das schlechte Gewissen, die Schuldgefühle zwischen uns und unseren Partner schieben. Vielleicht aber reicht es, wenn wir uns selbst gegenüber ehrlich über die Bedeutung dieses Seitensprungs sind. Es gibt keine idealen Gefühle und keine unbedingt richtigen Verhaltensweisen. Ehrlichkeit ist vorzuziehen. Aber manchmal mag eine Unehrlichkeit ein ehrlicheres Leben ergeben.

## FRAGE NICHTS, WAS DU NICHT WISSEN WILLST

»Hast du schon vorher überlegt, dass du sie flachlegen willst? Ihr lagt doch ein paar Tage in dem Hafen. Oder fiel sie dir wirklich erst an der Bar auf?« Es ist der 30. Oktober, und Paula geht es schlecht. Vor zwei Jahren fuhr Helmut, seit mehr als zwanzig Jahren der Mann ihres Lebens, zum Segeln in die Karibik. Und mit ein paar Cuba Libre intus ging er fremd. Paula hat alles erfragt. Brünett war seine Affäre, großbusig, zart gebaut, jünger, Maklerin. Und es war am 30. Oktober. Wenn sie und Helmut über ihre Beziehung sprechen, dann gelingt es ihnen manchmal, ihre Gefühle zu teilen. Doch meistens beginnt Paula wieder zu fragen. »Paula«, sage ich, »mal angenommen, Sie hätten jetzt die Antwort. Und wüssten bis in kleinste Detail, was Sie gerade wissen wollen. Was wüssten Sie dann? Und was wäre dann anders für Sie?«

Wenn wir belogen und betrogen wurden, besonders, wenn es eine Affäre gab, dann verlieren wir den Boden, auf dem wir zu stehen glaubten. Gefühle überfluten uns, wir wissen nicht mehr, was wir für unseren Partner und was unser Partner für uns empfindet. Wir verlieren unsere Sicherheit. Und unsere Fragen sind der Weg, unseren Halt wieder zu finden.

Hat die Affäre eine Nacht oder ein Jahr gedauert? Ist sie wirklich beendet? Wir wollen wissen, was im anderen vor sich gegangen ist. Wie er sich uns gegenüber gefühlt hat. Wieso und seit wann er nicht mehr ehrlich mit uns sein konnte. Wir haben ein Recht auf unsere Fragen und unser Partner sollte uns keine Antwort vorenthalten. Denn nur über seine Offenheit können wir lernen, ihm wieder zu vertrauen.

Doch wir tun gut daran, eine Grenze zu wahren. Nicht die unseres Partners, sondern unsere eigene. Schon wenn er auf der Party endlos um die blonde Frau mit der lauten Lache herumtänzelt, geht es nicht darum, was er an ihr so toll fand, sondern dass wir uns links liegen gelassen fühlten. Nur wer sich selbst quälen will, fragt, ob die Muschi der Affäre enger und sein Penis schöner gebogen waren. Was wir wissen wollen ist: Wo warst du? Bist du wieder hier? Und warum bist du wieder hier? Es hilft unserer Beziehung, zu erfahren, was unser Partner in unserem Zusammenleben vermisst, und ob und wie das mit seiner Affäre zusammenhängt. Aber nicht, welche Kapitel des Kamasutra in der Affäre nachgeturnt wurden. Alles, was konkrete Bilder erzeugt und unsere Fantasie füttert, schmerzt mehr, als es uns hilft. Wir wollen nicht wirklich wissen, was die andere alles mit ihrer Zunge kann und nicht die Hotels googeln, in denen alles stattfand. Wir geraten nur ins Vergleichen, in Zorn und Entwertung. Denn wie stets sind es nicht die Dinge, die uns beunruhigen, sondern unsere Gedanken darüber und Gefühle dazu.

Niemand kann alles auf der Welt für den anderen sein. Der wichtigste Mensch in unserem Leben kann mit einem Fremden etwas erleben, das er mit uns nie teilen wird. Es ist schwer, unsere bohrende Neugier zu zähmen. Unseren Impuls zu beherrschen, dem anderen sein Versagen und seine Schlechtigkeit schon durch unsere Fragen nachzuweisen. Aber es schmerzt nur elendig und vergiftet uns selbst, wenn wir alle Details erfragen.

Wenn wir uns stattdessen fragen, ob es wirklich etwas für uns verbessern würde, wenn wir die Antwort wüssten, dann fragen wir nicht mehr nach etwas, was wir eigentlich nicht wissen wollen.

## LOYAL IST RADIKAL

»Dicke Luft«, Hanno sieht ratlos aus. »Gestern gab es Knatsch zwischen meiner Mutter und Kim. Und seitdem ist Kim richtig sauer ...« »Verdammt, ich bin sauer auf DICH!« Kim ist aufgebracht. »Wenn deine Mutter da ist, dann gehst du ja sowieso auf Distanz zu mir. Aber daran habe ich mich schon gewöhnt. Aber als sie anfing, mir vorzuwerfen, dass unsere Kinder sich nicht benehmen können ...« »Sie hat nicht dir das vorgeworfen. Sie hat es uns gesagt. Und die besten Manieren haben sie ja nun wirklich ni...« In einem schlechten Comic hätte Kim jetzt Schaum vor dem Mund: »Dann zieh doch gleich wieder zu deiner Mama. Dann könnt ihr ja die Kleinen endlich so erziehen, wie ihr es euch vorstellt!« Ich unterbreche, denn vielleicht hilft es zu benennen, worum es hier geht: Loyalität.

Liebende umgeben sich, schreibt der amerikanische Paartherapeut Stan Tatkin, mit einer unsichtbaren Paarblase, einem intimen Rahmen, der Nähe und Verbindung schützt. Wir plaudern nicht aus, was unser Partner uns anvertraut hat. Wir führen ihn nicht vor und erzählen nicht öffentlich, welche Albträume ihn quälen, dass er in Hotels Bademäntel mitgehen lässt und Schuhfetischist ist. Wir machen keine Witze auf seine Kosten. Wir flirten nicht vor seiner Nase. Wir betrügen und belügen ihn nicht. Wir sind loyal.

Loyalität ist aktives Vertrauen. Es ist eine Abmachung, ein Verhalten, das uns ein Paar sein lässt. Wir stehen füreinander ein. Loyalität bedeutet, dass unser Partner Vorrang hat gegenüber allen anderen. Auch gegenüber jenen, die unserem Partner ebenfalls nahestehen: Eltern, Geschwistern, beste Freunde, die ganze Reihe der verflossenen Lieben. Loyal zu sein ist eine bewusste, moralische Entscheidung. Aber ein Loyalitätsbruch trifft uns emotional und unmittelbar, denn hinter dem Wunsch nach absoluter Loyalität verbergen sich auch Trennungsängste. Loyalität ist eine Sicherheitszone, weshalb bei sexueller Untreue der Bruch der Loyalität häufig der größte Schmerz ist.

Weil Loyalität bedeutet, dass du auch dann zu mir stehst, wenn du meine Meinung nicht völlig teilst, fühlt sich Kim von Hanno total verraten und allein gelassen. Für sie hatte er sich ganz auf die Seite seiner Mutter gestellt. Seine Versuche, beiden ein wenig recht zu geben, lösen bei ihr nur noch mehr Wut aus. Denn Loyalität ist nicht teilbar. In der Liebe schon gar nicht. Entweder du liebst mich, oder du liebst mich nicht. Kein einerseits, andererseits. Das mag die romantische Liebe nicht. Entweder du stehst zu mir, oder du lässt mich allein. Entweder loyal oder illoyal.

Hier zeigt sich die fordernde Seite der romantischen Liebe. Sie ist besitzergreifend, unbedingt, einseitig und radikal. Das führt zu Konflikten. Denn manchmal wollen wir unseren Partner nicht in seiner Haltung unterstützen. Dann wird die Forderung nach Loyalität tyrannisch. Ohne Loyalität überlebt keine Beziehung, aber wir müssen auch anerkennen, dass die Liebe auch hier das Unmögliche fordert: grenzenlose Loyalität. Deshalb ist loyal so radikal.

# EIFERSUCHT IST KEINE SCHWÄCHE

Natürlich war es zu viel. Das wussten sie beide. Jörn und Angela bekamen ihr erstes Kind. Für Angela erfüllte sich ihr Familientraum. Jörn wollte endlich beruflich erfolgreich sein und seine Familie ernähren können. Also eröffnete er ein kleines Café und arbeitete unentwegt. Und er begann sich schuldig zu fühlen, da er nicht genügend Zeit für Angela und seine kleine Tochter hatte. Angela fühlte sich tatsächlich oft allein gelassen. Und so wurde ihr netter Kollege Paul, der viel Zeit und Aufmerksamkeit für sie hatte, allmählich zu ihrem wichtigsten Gesprächspartner. Jörn machte Pauls Aufmerksamkeit für Angela misstrauisch. Aber er zwang sich, diese Gefühle zu ignorieren. Er sagte sich, dass er seiner Frau nicht verwehren könne, einen Gesprächspartner zu haben, wo er selbst gerade zu wenig präsent war. Doch natürlich: Irgendwann küssten sich Paul und Angela.


Eifersucht genießt kein hohes Ansehen. Wir glauben, wir sollten sie nicht haben. Und sie schon gar nicht zeigen. Wir sind überzeugt, wer eifersüchtig ist, hat ein schwaches Selbstwertgefühl. Deshalb schämen wir uns für unsere Eifersucht. In unserem Idealbild einer Beziehung ist kein Platz für sie. Denn dort leben zwei starke, unabhängige Menschen, von denen keiner das Recht hat, den anderen einzuschränken.

Aber wir bekämpfen unsere Eifersucht gar nicht, weil wir den anderen nicht einengen wollen, wir bekämpfen sie, weil wir unsere eigene Abhängigkeit nicht fühlen wollen. Eifersucht zu fühlen, bedeutet Wut, Verzweiflung, Neid und Konkurrenzgefühle zu empfinden, aber vor allem eine riesige Verlustangst. Gegen sie wehren wir uns, um uns nicht klein und bedürftig zu fühlen.

Seine eifersüchtigen Gefühle zu zügeln, ist durchaus berechtigt. Denn Eifersuchtsgefühle können so beherrschend werden, dass wir Partys durch lautstarke Szenen sprengen oder zum besessenen Privatdetektiv werden. Wir werden übergriffig, hören Smartphones ab, spionieren Mails aus und beschnüffeln Unterwäsche. Wir verfolgen unseren Partner mit unserem Misstrauen, der davor genervt zurückweicht, und schon fühlen wir uns bestätigt. Und geraten noch tiefer in den Kreislauf zwischen bohrender Eifersucht und dem Zweifel, ob unsere Gefühle berechtigt sind.

Eifersucht ist letztlich eine komplexe Form der Angst, unseren Liebespartner an jemand anderen zu verlieren. Ein Frühwarnsystem der Beziehung. Wer in allen seinen Beziehungen vor Eifersucht vergeht, der kann nicht vertrauen. Das kann ein Partner schwer lösen. Da braucht es vielleicht schon mal einen Therapeuten. Doch wer niemals eifersüchtig ist, hat möglicherweise das größere Problem. Er vermeidet jede Abhängigkeit, was auch bedeutet, dass er sich nie auf eine Beziehung so einlässt, dass der andere wirklich bedeutsam für ihn wird.

Am besten ist es, unsere Eifersucht anzunehmen und sie unserem Partner zu zeigen. Möglichst bald, möglichst, solange das Gefühl der Eifersucht sich nur als kleiner Stich bemerkbar macht. Sonst wächst Eifersucht zu einem gelben Drachen heran, der uns verspeist. Es hilft, wenn wir nicht verbergen, dass wir uns dafür schämen. Scham löst sich, wenn wir sie benennen. Sich eifersüchtig zu zeigen, ist ein Zeichen von Vertrauen und Selbstbewusstsein. Und sie hat auch eine gute Seite, denn sie sagt unserem Partner, wie wichtig er uns ist. Eifersucht ist keine Schwäche.

# VI

# PORNOGRAFIE

In der abgelegenen Provinz Nodroga auf der Hauptinsel des Fidschi-Archipels wurde erst 1995 das Fernsehen eingeführt. Dies ermöglichte eine klassische Studie über den Einfluss von Medien auf die Psyche. In Fidschi herrscht ein für unsere Vorstellungen eher üppiges Schönheitsideal. Vor dem Einzug des Fernsehens gab es dort einen einzigen Fall von Magersucht. Aber nur drei Jahre später hatte schon ein Drittel der jungen Mädchen hohe Werte in einem Essstörungstest. Und in Haushalten mit TV waren dreimal so viele Mädchen davon betroffen. Seitdem die schlanken Darstellerinnen nach westlichem Vorbild über den Bildschirm flimmerten, erbrach sich jedes zehnte Mädchen, um ihr Gewicht zu halten. Ein Verhalten, das bis dahin nie vorgekommen war.

Ungefähr zur gleichen Zeit, Mitte der Neunzigerjahre, eroberte das Internet die technologisch entwickelten Länder der Erde. Und die Pornografie zog via Internet in einem zuvor unvorstellbaren Ausmaß in jeden Haushalt ein. Schambehaarung war bis dahin ein Zeichen der Geschlechtsreife. Doch keine fünf Jahre später rasierte sich die gesamte Jugend ihre Schamhaare ab. Seitdem auf jedem PC-Bildschirm der »Hollywood-Cut« der Porno-Darsteller zu betrachten war, verursachten Schamhaare den Jugendlichen zunehmend Ekelgefühle.

Seitdem muss jeder damit rechnen, dass sein Liebster ein Verhältnis hat. Eines mit der Internet-Pornografie. Wer denkt, dass ausgerechnet der eigene Lebensabschnittspartner sich von Cybersex und Internetpornografie fernhält, hat Glück, keine Ahnung oder, und das ist das wahrscheinlichste, möchte nicht wirklich wissen, dass sich der Liebste ein paar Meter vom Doppelbett entfernt vor dem PC selbst befriedigt. Gegen den Glauben, von der Porno-Welle unberührt zu sein, sprechen die Zahlen.

Mehr als ein Drittel des gesamten Datenverkehrs und jede vierte Suchanfrage gilt Pornografie. Allein die drei beliebtesten Porno-Seiten in Deutschland verzeichnen rund 150 Millionen Besucher pro Monat. Rund 50 Prozent der US-amerikanischen Männer im Alter von 18 bis 39 und fast 20 Prozent der Frauen konsumieren mindestens einmal die Woche Pornos. Auf einer der viel genutzten Internetseiten wurden im letzten Jahr 4,5 Milliarden Stunden Pornos geschaut, das sind 500 000 Jahre Pornozeit. Da 70 Prozent der Porno-Nutzer ihr Vergnügen geheim halten, ist die Chance, dass sich der Partner Silikonmöpse und professionell gespreizte Schamlippen zur sexuellen Anregung reinzieht, größer als die, dass er es nicht tut.

In meiner Praxis gibt es Vierzigjährige, die zu oft masturbieren, um noch Lust auf ihre Partnerin zu haben. Ältere Männer, die sich über Pornografie der Prostitution und sexuellen Affären zugewandt haben. Dreißigjährige, die schon ihr ganzes Leben mit Internetpornografie verbracht haben und sich auch in ihren Liebesbeziehungen nicht davon lösen können, und deren Drang nach

Pornos in Stresssituationen sofort überhandnimmt. Und gesetzte Akademiker, die durch ausufernden Porno-Konsum die Kontrolle über ihr Leben verloren haben.

Nun kann Pornografie ja durchaus lustvoll sein, und die Darstellung sexueller Handlungen findet sich schon auf Höhlenzeichnungen und griechischen Vasen. Die Männer der Siebzigerjahre hatten durchaus ein paar dänische Porno-Hefte in ihrem Nachtschrank versteckt. Aber verglichen mit der Penetrationsdichte im WWW verhalten sich ein paar Arsch- und Tittenhefte nicht wie ein Tretroller zum Airbus 380, sondern wie ein Mitesser zum Matterhorn.

Heute meldet Google für »Porno« 1.070.000.000 Sucheinträge. Bei über einer Milliarde möglichen Klicks ist jede vorstellbare Form von Sexualität und jede unvorstellbare auffindbar. Gangbang, geile Großmütter, Fisting … belassen wir es bei der müden Erkenntnis, dass Mann, aber auch Frau, immer genau das finden kann, was sie gerade scharf macht.

Lange Zeit galt, dass die erotische Fantasiewelt ein eigenständiger Bereich der menschlichen Sexualität ist, der unabhängig von der real gelebten Sexualität existiert. In der Fantasie wird ein Teil des Selbst ausgelebt, für den in der Wirklichkeit zwischen Frühstücksei und Tatortgucken kein Raum ist. Die Fantasien über hartes Bondage sollen gar nicht real werden. Die Partnerin muss sich keine Sorgen machen, dass ihr Liebster sie eigentlich nur gut verschnürt begehren kann. Masturbation ist dabei eine eigene Form der Sexualität, und nicht die Notlösung, als die sie gerne hingestellt wird. Denn Selbstbefriedigung existiert weitestgehend unabhängig davon, wie befriedigend oder häufig der Partnersex ist.

Die US-amerikanische Liebesforscherin Professor Helen Fisher unterstützt das. Sie betrachtet Porno-Konsum als Möglichkeit, Hormone zu entfesseln. Porno führt zu mehr Dopamin, führt zu mehr Testosteron, führt zu mehr Lust. Und der amerikanische Sexualtherapeut Joe Kort beschrieb, dass sich in der Art der bevorzugten pornografischen Inhalte wichtige persönliche Lebensthemen zeigen, die eine Partnerschaft bereichern können.

Falls der Konsum von Pornografie wirklich beschränkt bleibt oder gar offen in der Partnerschaft verhandelt und betrieben wird, dann mag das noch zutreffen. Aber viel öfter trifft das nicht zu. Wenn ein Paar seine fehlende Sexualität oder sexuelle Lustlosigkeit beschreibt, dann wird mittlerweile jeder Paartherapeut nach Internetpornografie fragen. Denn der Konsum der allgegenwärtigen, ständig erreichbaren Pornografie hat eine neue Dimension erreicht. Häufiger Porno-Konsum verankert Bilder im Gehirn, die mit der realen Partnersexualität nichts zu tun haben. Verglichen damit sind die realen Sexualpartner nicht mehr attraktiv und der real erlebbare Sex erregt nicht mehr. »Sex ist meistens weniger aufregend als die Vorstellung davon«, schreibt der Sexologe Volkmar Sigusch. Eine Einsicht, die im Gehirn des Porno-Users nicht mehr greift. Der Anteil der Männer unter vierzig, die unter erektiler Dysfunktion leiden, ist von 1992 bis 2013 von fünf Prozent auf 26 Prozent gestiegen. Sie finden es schwer, eine Erektion zu bekommen, sie zu halten und beim Sex mit realen Menschen zum Orgasmus zu kommen. Und der Grund dafür ist Pornografie. Der Porno-Konsument verfängt sich im virtuellen Wunderland. Pornografie-Konsum aktiviert das Belohnungszentrum im Gehirn, der User gerät in ein Gefühlshoch, das er immer wieder erreichen will. Weil sich aber mit jedem Mal das Lusterleben verringert, sucht er nach immer stärkeren Reizen. »Sex ist langweilig, außer man hat ihn«, sagte der bekannte Regisseur Ridley Scott in einem Interview, als man ihn nach Sexszenen befragte. Die Erregung durch

Pornos hat so eine geringe Halbwertzeit, dass immer neue Bilder hermüssen. Sobald die Lust am Bildschirm nachlässt, beginnt die Jagd nach immer härteren, abgefahreneren und spezifischeren Videos, auf die sich der Porno-Konsument konditioniert. Die lustvolle genitale Stimulation, verbunden mit dem Auffinden immer weiterer überstimulierender Bilder, setzt eine neurochemisch gesteuerte Suchtdynamik in Gang, bei der wie bei jedem süchtigen Verhalten immer nur noch mehr vom selben Stoff verlangt wird.

Bei Pornosüchtigen stapeln sich schon mal 25.000 aufgeilende Bilder auf der Festplatte und die Jagd nach gepixeltem Sex bestimmt das Leben. Doch selbst wenn nicht gleich die gesamte Existenz durch das zwanghafte Aufsuchen von Porno-Seiten zusammenbricht, Internet-Pornografie ist kein harmloses Vergnügen. Die Grenze zur Porno-Sucht ist so schwer zu ziehen wie die zur Alkoholabhängigkeit. Trinkt jemand »nur« zu viel oder ist er schon abhängig?

Eine müßige Frage, wenn Wirkungen und Nebenwirkungen beachtlich sind. So ist der Schritt zu Sexting, dem sexuell geladen SMS-Texten, Webcam-Masturbation oder Prostitution für viele Porno-Nutzer häufig eine fast zwingende Steigerung ihres Verhaltens. Je mehr Pornos sich jemand anschaute, so eine Untersuchung, umso wahrscheinlicher war es, dass er in den nächsten drei Monaten fremdging. Vermutlich, weil durch die Pornos Alternativen zum jetzigen Partner attraktiver werden. Die US-Autorin Naomi Wolf sagte dazu in einem Interview, dass auf Pornografie ein Warnhinweis stehen sollte, wie auf Zigarettenpackungen.

Doch auch die Mehrzahl der Internetpornografen, die weder zwanghaft masturbieren noch versuchen, ihre liebste Livecam-Stripperin real zu daten, werden beeinflusst und sind tendenziell gefährdet. Denn im Porno-Konsum geht es nur vordergründig um Sexualität. Die durch Pornos stimulierte Masturbation ist immer auch eine unbewusste Form der Selbstregulation. Wenn die innere Spannung steigt, wenn Unzufriedenheit und Frustgefühle zunehmen oder innere Konflikte nicht gelöst werden können, dann versuchen wir diese unangenehmen Zustände auf vielfältige Weise zu verändern. Wir essen und werden übergewichtig, wir rauchen und schädigen unser Herz und unsere Lungen, wir trinken Alkohol und werden abhängig. Oder wir masturbieren weiter zwanghaft zu Pornos, was häufig schon eine als Jugendlicher gelernte Form des Spannungsabbaus ist. Und entwickeln als erwachsener Partner eine zunehmende Unfähigkeit zu realer, intimer Sexualität. Denn natürlich ist Pornografie-Sex ohne jegliche Intimität. Wer ohnehin Probleme mit der Intimität hat, für den ist Porno-Konsum umso verlockender und umso schädlicher. Wenn Sex mit dem Partner eine alle Sinne erfassende Bergtour ist, dann ist Pornografie die Gipfelfahrt mit der Seilbahn. Wer in der Gondel fährt, den kann der Berg nicht besiegen. Und bei der Internet-Pornografie besteht kein Risiko, zurückgewiesen zu werden.

Porno-User werden zu Intimitätsverweigerern, die im www. porn den sicheren Hafen für ihre sexuellen Wünsche finden ohne sich mit unangenehmen Gefühlen auseinandersetzen zu müssen. Porno-Sex, das ist klar, ist die einfachere Sexualität. Weil sie nur eine Fiktion über den zum Hengst mutierten Mann und die willige, dauererregte Frau ist. In welche ihrer Körperöffnungen der Mann sein Glied auch steckt, die Frau reagiert immer mit wohliger Ekstase. Die Porno-Dramaturgie folgt einem zutiefst frauenverachtenden Blick auf Sexualität. Was eine zusätzliche Irritation und Zweifel am Frauenbild des Partners in Partnerinnen auslösen kann, die mit dem ausufernden Porno-Konsum ihres Partners konfrontiert sind.

Doch nicht nur wegen dieses Frauenbildes kommt auf vier männliche Sexklicks bislang nur ein weiblicher. Pornos erregen Männlein wie Weiblein. Nur gestehen sich das Frauen noch nicht ein. Wissenschaftler stellten fest, dass Frauen, selbst wenn sie messbar sexuell erregt sind, subjektiv berichten, das Geschaute törne sie keineswegs an. Sobald frau sich die Freude am schnellen Bilderfick eingestehen kann, wird Pornografie in der Partnerschaft noch mehr Raum einnehmen.

Da in einer Partnerschaft jeder das Recht auf Unabhängigkeit und nicht geteilte Gedanken hat, glauben aufgeklärte, liebende Partner, die Porno-Welt ihres Geliebten tolerieren zu müssen. Doch dazu müssten sie das berechtigte Gefühl unterdrücken, durch den Porno-Konsum des anderen beeinflusst zu sein und die gemeinsame Sexualität bedroht zu erleben. Porno verändert und bedroht das Verlangen. Porno-Konsum ist eine Beziehungsangelegenheit. Pornografie frei Haus ist ein Fluchtweg aus der Beziehung, der Beziehungen massiv bedrohen kann.

Wenn wir glauben, unseren Partner an die Pornografie zu verlieren, sollten wir ihn fragen, ob sein Konsum ihn dabei hindert, mit uns lustvoll Sex zu haben. Sein Konsum ist kein Zeichen, dass wir unattraktiv für ihn sind. Es gilt zu verstehen, wann er zur Pornografie greift, was sie ihm bedeutet, und darüber ins Gespräch zu kommen. Wenn das scheitert, dann ist es möglicherweise angeraten, sich professionelle Hilfe zu suchen oder sich weitergehend über die Auswirkungen von Pornografie zu informieren.

Wer sich selbst in der Porno-Falle gefangen fühlt, der sollte sich eingestehen, dass er ein Problem hat und sich jemandem anvertrauen, also beginnen, über seinen Pornografie-Konsum zu sprechen. Das ist der erste und entscheidende Schritt. Die Scham zu durchbrechen.

Der nächste Schritt liegt darin, sein Verhalten mit dem Partner zu besprechen und die gemeinsame Sexualität zu heilen. Wer es trotzdem nicht schafft, sich von den geilen Bildern fernzuhalten und zu erkennen, welche Gefühle und Ängste er durch seinen zwanghaften Porno-Konsum im Schach hält, sollte sich ebenfalls professionelle Hilfe holen.

# VII

# RITUALE

Sonntagmorgen. 11.30 Uhr. Frühstück. Frau und Herr A. im Bade-
mantel. Sie hatten gerade Sex. Sie bevorzugen Sex am Morgen.
Am Wochenende haben sie dazu Zeit. Sie holen die Sonntagszei-
tung aus dem Briefkasten und einen Tee ans Bett. Dann decken
sie gemeinsam den Tisch. Nicht in der Küche, sondern im Esszim-
mer, wo die Sonne hineinscheint. Es gibt grünen und schwarzen
Tee, für jeden seine Sorte. Sie decken das Geschirr auf, das sie im
Schwedenurlaub gekauft haben. Es gibt Omelett und verschiedene Sorten Käse, die sie gemeinsam auf dem Wochenmarkt be-
sorgt haben. Sie streamen Jazz beim Frühstück. Die letzten Emp-
fehlungen, über die sie gelesen haben.

Nur ein Eindruck vom Sonntagmorgen-Ritual eines Paares. Und
doch haben wir schon ein Bild von ihnen. Denn Paare spiegeln
sich in ihren Ritualen. Wir beobachten ihre Rituale und schließen daraus, was für eine Beziehung sie führen. Er hilft ihr stets
kavaliermäßig in den Mantel. Sie berühren einander, wenn sie am
Tisch sitzen. Sie necken sich spielerisch als Spießerin und Ange-

ber. Rituale sind die Hüter einer Liebesbeziehung. Paare erschaffen von ihrer ersten Begegnung an gemeinsame Rituale. Wenn ein gegenseitiges Verhalten für beide erfreulich war, werden sie es wiederholen. Die Nackenmassage vor dem Fernseher oder die Post-its an der Wohnungstür. Rituale sorgen dafür, dass eine Paarbeziehung stabil bleibt. Aber gleichzeitig verändern sich Rituale im Laufe einer Beziehung. Als junges Paar gehen wir immer Hand in Hand. Später machen wir einen Abendspaziergang und berichten vom Tag. Wenn wir uns bewusst machen, welche Rituale wir leben und was wir durch sie ausdrücken, dann können wir unsere Beziehung beeinflussen. Wir können es gemeinsam tun. Aber das Besondere ist, dass wir über die Veränderung von Ritualen unsere Liebesbeziehungen auch im Alleingang verändern können.

## RITUAL UND GEWOHNHEIT

Feste sind unverkennbar Rituale. Gewohnheiten dagegen nicht notwendigerweise. Eine Geburtstagsfeier ist etwas anderes, als morgens immer der Erste im Bad zu sein. Doch selbst Wissenschaftler finden keine eindeutige Abgrenzung. Eine Gewohnheit, die kein Ritual ist, ist eine Gewohnheit, »die außer der Vereinfachung über den internen Handlungszweck hinaus keinen weiteren oder tieferen Zweck verfolgt«, schreibt die Paarberaterin Dr. Anke Birnbaum. Die ihren Doktorhut, auch ein Ritual, für eine Doktorarbeit über Rituale bekam. Wenn ich also meine Brille jeden Abend in die Schublade meines Nachtkastens lege, damit ich am nächsten Morgen nicht blind wie ein Maulwurf nach meinem Nasenfahrrad fahnde, dann ist das »nur« eine Gewohnheit. Wenn ich aber abends schon Teller, Tassen und Besteck fürs Frühstück aufdecke, dann ist das zwar auch nur eine Gewohnheit, aber auch ein Ritual. Denn als guter Partner stelle ich nicht nur mein Tellerchen hin, sondern auch das für meine Liebste. Diese Gewohnheit hat also noch einen »Zweck«. Ich signalisiere: »Hallo Schatz, ich denke an dich und halte unsere Gemeinschaft aufrecht.« Der kleine Küchendienst erscheint uns zu Recht wie eine Selbstverständlichkeit. Doch Rituale enthalten viele »Selbstverständlichkeiten«. Denn genau das tun Rituale. Sie verwandeln Handlungen und Haltungen in Selbstverständlichkeiten.

## EINE GEMEINSAME RITUALKULTUR ENTWICKELN

Wenn ein Paar entsteht, dann treffen zwei Ritualwelten aufeinander. In seiner Familie wurden Geburtstage kaum gefeiert. In ihrer Herkunftsfamilie wurde das Haus bis in den letzten Winkel dafür geschmückt. Wie selbstverständlich uns die eigenen Rituale sind, erleben wir drastisch als Eltern. Denn die lieben Kleinen sind fanatische Ritualfans. Wehe, wenn Teddy nicht mit am Tisch sitzt oder Mama beim Vorlesen einen Satz auslässt. Dann verwandeln sie sich in gewaltbereite Ritual-Hooligans. Und diese Hooligans leben auch in uns Erwachsenen weiter. Wir fallen vom Glauben ab, wenn der Partner uns kein kleines Geschenk von der Geschäftsreise mitbringt. Und sind bestürzt, wenn wir unser gewohntes Ritualwunderland abwracken müssen, weil unser Partner Geschenke nicht mal einpackt, während der Ex für uns Bahnen aus Rosenblättern streute.

Wir müssen als Paar gemeinsam entwickeln, wie wir die großen Rituale begehen, die es in unserer Kultur gibt: Geburtstage, Ostern, Weihnachten, die Hochzeitstage, Einschulung und Zeugnisse der Kinder usw. Und ob wir sie begehen wollen. Der Stil, in dem wir unsere Feste feiern, spiegelt unser »Wir« wieder. Wir kreieren unsere Paarkultur und erschaffen darüber eine gemeinsame Identität. Die Welt sieht, wer wir sind und was uns wichtig ist. Denn wir laden zum Brunch, bei dem eine wilde Kinderbande durch Haus und Garten tobt. Oder abends zum Vier-Gänge-Menü mit klassischer Musikbegleitung. Symbolisch feiern wir in den sich rhythmisch wiederholenden Ritualen gleichzeitig Veränderung und Kontinuität. Das Ritual ist immer gleich und läuft doch jedes Mal anders ab. So bewahrt es unsere Tradition und macht gleichzeitig die Veränderung erlebbar, wenn wir auf die Zahl der Rosen in unserem Hochzeitstagstrauß schauen. Wir laden die Menschen ein, die uns wichtig sind. Wir flechten unser soziales Netz. Unsere Freundeskreise verschmelzen.

## RITUALE GEBEN HALT

Rituale sind Teil des normalen Lebens. Aber sie bilden auch eine eigene Welt außerhalb der Welt, eine Zeit außerhalb der Zeit. Denn sie beruhen auf besonderen Vereinbarungen. Wir wissen, wie wir uns zu verhalten haben, wie der andere sich verhalten wird. Denn im Ritual sind wir nicht wir selbst. Wir sind nicht ständig authentisch. Wir handeln nicht danach, wie wir uns gerade fühlen, sondern so, wie es durch das Ritual festgelegt ist. Wir handeln symbolisch und »als ob«. Wir beschenken uns, und der Beschenkte zeigt sich in jedem Fall dankbar und erfreut. Bestünde die Gefahr, dass er das Geschenk kopfschüttelnd verweigern würde, dann wäre es zu gefährlich, ein Geschenk zu machen. So aber verbindet das Geschenk. Es ist kein Betrug, wenn wir uns verhalten, »als ob« jedes Geburtstagsgeschenk ein Grund zur Freude wäre. Auch wenn wir tatsächlich eher irritiert sind. Denn die Freude liegt darin, dass Schenkender und Beschenkter in diesen sicheren Austausch treten können.

## DIE KLEINEN RITUALE

Wenn wir jedes Jahr am 12. Mai an der Berliner U-Bahn-Station aussteigen, an der wir uns an einem 12. Mai kennengelernt haben, dann betrachten wir das als ein vollwertiges Ritual, durch das wir unsere schicksalhafte Begegnung und unsere romantische Bindung stärken. Am Sonnabendvormittag nach dem gemeinsam überstandenen Einkaufsmarathon aber noch einen Espresso bei Toni zu nehmen, betrachten wir dagegen eher als Mischung aus nervigem Alltagstrott und lieb gewonnener Gewohnheit. Doch die kleinen Dinge beherrschen unser Leben. Sie sind entscheidender für unser Liebesleben, als bei Capri die Sonne ins Meer versinken zu sehen. Unsere kleinen rituellen Gewohnheiten, unsere Alltagsrituale, sind wie die Haken, zwischen denen wir das Gewebe unserer Beziehung aufspannen. Sie festigen unsere Beziehung auf eine unmittelbare, oft körperlich sinnlich erfahrbare Weise. Sie bewahren unsere Geschichte und führen sie fort. Wir tun gut daran, sie ernst zu nehmen, sie zu pflegen und ihre Bedeutung nicht zu unterschätzen. Denn sie bilden das Geflecht aus kleinen Interaktionen, durch das wir uns aufgehoben und verbunden fühlen.

Ein flüchtiger Abschiedskuss hat keine Chance, unter die 1000 bedeutungsvollsten Küsse unseres Lebens zu kommen. Er ist ein »Als-ob«-Kuss, kein berührendes oder gar erotisches Lippenspiel, aber trotzdem bedeutungsvoll. Weil uns dieser rituelle Schmatzer beruhigt und verbindet. Das Küsschen an der Haustür bestätigt die Ordnung unseres Liebeslebens. Es ist, wie es ist. Es bleibt, wie es ist. Ich rufe dich wie immer mittags an. Es gibt dann vermutlich überhaupt nichts zu besprechen, und wir sehnen uns auch nicht irrsinnig nacheinander. Aber wir betreten gemeinsam den Raum unseres Rituals. Wir verlassen für einige Minuten unsere Arbeitswelten und stellen symbolisch unsere Beziehung an die erste Stelle.

## RITUALE ALS BEZIEHUNGSBAROMETER

Ohne darüber nachzudenken nehmen wir unsere alltäglichen rituellen »Gewohnheiten« sehr ernst und befolgen sie äußerst präzise. Sobald der Wecker gefiept hat, kuscheln wir uns noch für ein paar Minuten fest aneinander. Und wer zuerst ins Bett geht, schüttelt die Decken für den anderen mit auf. Bewusst denken wir nur über unsere Rituale nach, wenn sie nicht eingehalten werden. Dann sind wir irritiert, werden aufmerksam und versuchen zu verstehen, wieso das Ritual gebrochen wurde.

Rituale sind unser Beziehungsbarometer. Da sie sich wiederholen, können wir an ihnen ablesen, ob sich etwas verändert hat. Jede atmosphärische Störung ist ablesbar. Die symbolische Kommunikation verrät den Zustand unserer Beziehung. Wenn wir uns morgens gestritten haben, und unser Partner uns abends wie gewohnt in den Arm nimmt, dann ist unser positiver Bezug zueinander wiederhergestellt. Rituale sparen Energie, wie alle Gewohnheiten. Das Ritual löst Ängste und Spannungen ohne großen Aufwand. Vielleicht müssen wir über den Morgen gar nicht mehr sprechen. Und falls wir es wollen, dann ist es jetzt einfacher, weil unsere rituelle Annäherung es uns leichter macht, miteinander ins Gespräch zu kommen. Wenn er allerdings nur »Hallo« in den Flur murmelt, dann wirkt das nicht eingehaltene Ankunftsritual wie ein Tsunami-Warnsystem. Das nicht eingehaltene Ritual macht deutlich, dass seine Verstimmung uns gilt.

Obwohl Rituale voller »Als-ob«-Kommunikation stecken, können wir sie in Beziehungen nicht faken. Eine Klientin kam hinter die Affäre ihres Mannes, weil er in ihrem Begrüßungsritual irgendwie steif auf sie wirkte. Sie hatte sonst keinerlei Verdacht, ihr Mann war wie immer. Er konnte seine Schuldgefühle überall verbergen.

Nur in der symbolisierten Nähe des fein abgestimmten Begrüßungsrituals, dort gelang es ihm nicht.

Rituale helfen uns auch, unseren Zusammenhalt wiederherzustellen. Wir möchten uns versöhnen. Aber wir sind unsicher, ob unser Partner es auch will. Flippt er vielleicht noch mehr aus, wenn wir uns ihm jetzt nähern? Als Paar können wir dann Alltagsrituale nutzen, um die Situation zu entschärfen. Wir bereiten den Smoothie zu, den wir am Wochenende gerne gemeinsam auf der Terrasse trinken und stellen Gläser dafür auf den Tisch. Jetzt kann unser Partner das Signal aufgreifen oder ignorieren. Wir kommunizieren durch unser Ritual.

### RITUALE SCHAFFEN

Immer mehr Menschen leben getrennt zusammen, führen Wochenendbeziehungen, leben in zwei Wohnungen. Nach meiner Erfahrung versäumen Paare es häufig, sich ganz bewusst Übergangsrituale zu schaffen, die die Bedürfnisse beider berücksichtigen. Wollen sie einfach schweigend beieinanderliegen und ihre Verbundenheit spüren? Oder sich beim gemeinsamen Kochen plaudernd wiederfinden? Oder braucht der Zurückkehrende erst einmal eine Zeit für sich und möchte in seinem Zimmer verschwinden und erst dann gemeinsam essen?

Oder sind wir ein Paar, das zu wenig klärt, das Konflikte aufschiebt und vermeidet? Dann können wir ein Konfliktritual kreieren. Aufschreiben, was uns nervt, es am Wochenende austauschen, drüber reden.

In Situationen, in denen wir etwas abschließen und etwas Neues beginnen, können uns Rituale helfen. Wenn ein neuer Lebensabschnitt begonnen hat, weil die Kinder aus dem Haus sind. Oder weil wir uns von unserem allabendlichen Rotwein-Nebel verabschieden wollen. Dann können wir ein Ritual kreieren. Im Grunde brauchen wir dafür keine Anleitung. Das Entscheidende ist, das wir uns dafür entscheiden, ein Ritual zu kreieren. Bereits die Zeit, in der wir nach einer symbolischen Handlung und den Worten suchen, die unsere Gefühle ausdrücken, ist heilsam.

## DIE BEZIEHUNG DURCH
## KLEINE ALLTAGSRITUALE VERÄNDERN

Kleine Rituale sind eine großartige Möglichkeit, unsere Beziehung zu verändern. Wie wir wissen, ist es schwer, uns zu verändern, uns anders zu verhalten. Wir können einsehen, dass wir zu viel kritisieren oder zu abweisend auf unseren Partner reagieren. Es existiert aber kein Schalter, den wir einfach umlegen können, um von jetzt an freundlicher zu sein. Wir müssen kleine Schritte gehen. Und wir brauchen etwas, was wir konkret tun können. Wir brauchen etwas, bei dem wir bereits der sein können, der wir werden wollen, ohne dass wir uns dabei falsch, unehrlich oder verlogen vorkommen. Wir brauchen ein neues kleines Ritual, um so Veränderungen anzustoßen. Paul Rebillot, ein US-amerikanischer Gestalttherapeut, erforschte sein gesamtes Leben lang Rituale. Er sagte: »Rituale sagen der Seele, das wir bereit sind.« Über Rituale können wir der Seele unseres Partners mitteilen, wozu wir bereit sind.

Wir beschließen, jeden Abend vor dem Einschlafen den Tag durchzugehen und etwas zu finden, für dass wir unseren Partner loben können. Vielleicht müssen wir zunächst auf unserm Smartphone eine Erinnerung daran einrichten. Aber allmählich wird es uns zur Gewohnheit werden. Vielleicht fällt uns zunächst auch gar nichts ein. Oder wir wehren uns innerlich, zu loben, wo wir gleichzeitig noch voller Kritik stecken. Aber wenn wir unser kleines Ritual durchhalten, wird es unsere Wahrnehmung verändern. Wir werden mehr auf lobenswerte Dinge achten. Wir werden unserem Partner gegenüber mehr Anerkennung zeigen. Und auf Dauer wird es sogar uns selbst verändern können, und wir werden anerkennender werden.

Was als »Als ob« beginnt, verwandelt sich langsam in Wirklichkeit. Wenn wir beschließen, unseren Liebsten häufiger zu umarmen, weil zu wenig Herzlichkeit und zu viel Geschäftigkeit unsere Beziehung bestimmen, dann berühren wir ihn nicht aus einem tief empfundenen Impuls. Es ist eine Umarmung, »als ob« wir uns nah wären. Doch in dem Augenblick, in dem wir »als ob« handeln, sind wir ein anderer. Sind mehr der, der wir miteinander sein möchten. Und über die Zeit, auch der Partner wird erst langsam aufweichen, können wir unseren Wünschen näher kommen.

Wie würde es unser Leben verändern, wenn wir unseren Liebsten in die Einfahrt fahren sehen, und es zu einem Alltagsritual machten, ihm jedes Mal entgegenzugehen? Oder wenn wir jeden Morgen den ersten Kaffee gemeinsam im Bett trinken würden?

Wir können unsere Zuneigung auf verschiedenen Wegen zeigen, wie es auch der Paarberater Gary Chapman anregt. Durch Geschenke. Durch Liebesäußerungen. Durch Lob und Anerkennung. Durch Berührungen und Zärtlichkeiten. Wir können unterstützend und hilfsbereit sein. Wir können für Zeit zu zweit sorgen. Wir können fürsorglich sein und einander versorgen. Wir wissen, wo unsere Stärken und Schwächen liegen. Ob wir je Geschenke machen, ob wir jemals »Ich liebe dich« über die Lippen bekommen. Über kleine Rituale, auf die wir uns selbst verpflichten, können wir das Verhalten stärken, das wir viel zu selten zeigen.

Liebe ist eine Entscheidung. Wir vergessen das in der roten Herzchen-Welt zu leicht. Wir sind lebendige, sich selbst verändernde Systeme. Wir müssen aktiv bleiben und unsere Entscheidung immer wieder fällen. »Anerkennung ist nichts, was für immer garantiert ist, sie ist vielmehr eine komplexe symbolische Arbeit, die durch ständige Rituale gepflegt und ausgeführt werden muss«, schreibt die Soziologin Eva Illouz. Rituale sind die beständige Erneuerung und Bestätigung unserer Entscheidungen. Und ein Weg, sie lebendig, konkret und für den Partner sichtbar werden zu lassen. Wenn wir mehr Zeit miteinander verbringen wollen, dann können wir es uns zur Gewohnheit machen, dass ich dich einmal in der Woche von der Arbeit abhole, und wir einen gemeinsamen Abend verbringen. Rituale sparen Energie. Wir müssen nicht immer wieder neu entscheiden. Es geht nicht um Beziehungsarbeit, wie gerne mit Grausen behauptet wird. Es geht darum jeden Morgen aufzustehen und sein Leben zu gestalten. Jeden Tag wieder in der Beziehung zu leben und das gemeinsame Leben zu gestalten. Jeden Tag wieder die kleinen oder großen Rituale zu durchlaufen, die unserem Leben und unserem Leben als Paar Struktur und damit Sinn und Halt geben.

## ES BRAUCHT NUR EINEN, UM DIE BEZIEHUNG ZU VERBESSERN

Thomas und Rieke scherzen miteinander, als ich in den Therapieraum komme. »Wir würden heute gerne über unsere Sexualität sprechen«, beginnt Rieke. Doch ich gehe nicht sofort darauf ein. Stattdessen sage ich, dass es für mich so wirke, als ginge es ihnen besser miteinander. Sie nicken. »Was ist passiert?« Jetzt wirken sie etwas ratlos. Schließlich sagt Thomas zu Rieke: »Du warst nicht mehr ständig unzufrieden und vorwurfsvoll. Das war gut.« »Okay«, sage ich, »das haben Sie an Rieke wahrgenommen. Haben SIE denn auch etwas anders gemacht?« Thomas überlegt. »Nee, ich hab nichts großartig anders gemacht«, sagt er schließlich. Ich sehe ihn weiter an: »Und das Nichtgroßartige. Was genau war das?«

Wenn unser Leben gerade nicht gut läuft, dann springt unser Großhirn an und betreibt Fehleranalyse. Wieso meckert unser Liebster ständig an uns herum? Wieso haben wir schon wochenlang keine Lust auf Sex? Wir analysieren, woran es liegt, und wie wir es verändern können. Wenn sich unsere Beziehung dagegen gerade verbessert, dann nehmen wir das hin wie das Wetter. Wir fragen uns nicht, woran es liegt. Das Leben rollt weiter, es gibt andere Dinge, die unsere Aufmerksamkeit brauchen. Doch das ist ein großer Fehler.

Angenommen, unsere Haustür klemmt. Dann lernen wir bereitwillig, kurz dagegenzudrücken, damit sie sich aufschließen lässt. Die Haustür ist das Problem. Wir lösen es. Wir wissen, was wir tun können. Aber mit unserem Partner ist es anders. Er ist das Problem. Und wir können es nicht lösen. In Konfliktzeiten schießen unsere Gefühle so schnell in uns hoch, dass wir sicher sind, wir würden nur reagieren. Wir wären nur deshalb schnippisch, weil er uns ignoriert hat. Wir würden nur deshalb laut, weil er schon wieder schrill und vorwurfsvoll war. Verzweifelt halten wir einander vor: »Guck endlich mal, was das mit dir zu tun hat, statt alle Fehler bei mir zu suchen!« Im Grunde die richtige Idee. Doch hören wir darin nur Angriff und Entwertung und wehren uns dagegen. Wir sind in einer regelrechten »Problemtrance«. Wir sehen nur noch Probleme, und das Positive übersehen wir. Wie Thomas. Der hatte ganz bewusst darauf geachtet, seine Termine früher abzusprechen und weniger zu kritisieren. Aber sein Blick war nur auf das Problem Rieke gerichtet.

Häufig sind es Kleinigkeiten, Alltagsgewohnheiten, über die wir unsere Beziehung verändern können. Eine längere Umarmung beim Heimkommen. Eine kritische Anmerkung, auf die wir verzichten. Ein Lob, das wir früher nicht ausgesprochen hätten. Uns darauf einlassen, zeitgleich schlafen zu gehen. Wir können und sollten das nur tun, wenn wir dabei keine wichtigen Bedürfnisse aufgeben. Wir sollten uns nicht verbiegen, aber mit dem Spielraum experimentieren, den wir haben.

Unsere Beziehung beeinflussen zu können, gibt uns das gute Gefühl der Selbstwirksamkeit. Wir fühlen uns nicht mehr ausgeliefert und machtlos. Gefühle, die uns sonst oft beherrschen. Je stärker wir erleben, dass wir etwas bewirken können, umso weniger starr müssen wir auf unseren Positionen beharren. Wir werden weicher und versöhnlicher. Es braucht häufig nur einen, um eine Beziehung zu verbessern. Es ist angenehmer, wenn wir selbst derjenige sind.

## AUCH LIEBE IST MULTIKULTI

Als sie sich kennenlernten, kam sie als Fremde in seine Stadt. Und wurde schnell heimisch in seinem Freundeskreis aus Schulkameraden und Studienkollegen. Jahre später zogen sie als Familie aus beruflichen Gründen in eine weit entfernte Millionenmetropole. Nach einer Zeit begannen sie zu streiten und stellten dabei fest, dass sie sich isoliert und ohne Freunde fühlten.

Jahrelang waren sie ein unzertrennliches Paar gewesen, das alle Partys händchenhaltend auf dem Sofa verbracht hatte und stets Hand in Hand nach Hause gegangen war. Aber irgendwann begann sich einer ihrer Arbeitskollegen intensiv um sie zu bemühen. Als sie sich mit diesem Kollegen privat traf, konnte er seine Eifersucht darüber nicht mehr zügeln, und ihre Beziehung riss wie Papier.

Solange sie ohne Kinder lebten, ging es ihnen gut miteinander. Sie waren aktiv, ihr Sex war berauschend. Als sie dann zu dritt waren, drifteten sie auseinander. Sie liebten ihre kleine Tochter. Aber voneinander waren sie auch nach Jahren noch enttäuscht und fühlten sich vom anderen im Stich gelassen.

Paare, die ihre gute Beziehung verloren haben. Paare, die eine veränderte Lebenssituation nicht bewältigen konnten. Veränderungen belasten und fordern, aber sie geben uns auch Rückmeldung über uns als Paar. Verfügen wir gemeinsam über die Fähigkeiten, die inneren Ressourcen, wie sie in der Psychologie genannt werden, um schwierige Situationen zu meistern? Oder entdecken wir, wie diese Paare, dass wir uns schwertun, soziale Kontakte zu finden und zu pflegen, nicht wissen, wie man einen Konflikt führt, nur durch Sex Nähe herstellen können?

Eine Gesellschaft besitzt in langen Prozessen entwickelte Kulturen. Darin sind die Fähigkeiten und Regeln enthalten, mit denen die verschiedenen Bereiche des Zusammenlebens bewältigt werden. Auch ein Paar muss Kulturen entwickeln, emotionale Kulturen. Eine Nähekultur, eine Konfliktkultur, eine soziale und eine erotische Kultur, die sich beispielsweise noch in eine Gesprächskultur oder eine Entscheidungskultur unterteilen lassen.

Da wir in der Partnerwahl uns ähnliche Partner suchen, fällt Paaren häufig gar nicht auf, wenn sie bestimmte »Paarkulturen« nicht entwickeln. Weil sich Gleich zu Gleich gesellt, finden zwei Konflikt-Vermeider zueinander oder zwei Distanzierte, denen es schwerfällt, auf andere zuzugehen. In Krisen müssen diese Paare dann genau die Kultur entwickeln, die sie jetzt schon dringend brauchen würden. Sie sind wie Schiffbrüchige, die das Ausbringen der Rettungsboote erst lernen, wenn das Schiff schon sinkt.

Partner, deren innere Kinder unterschiedliche Gefühls- und Verhaltenswelten aus ihrem jeweiligen Elternhaus mitbringen, geraten früher in Kulturkämpfe. Einer trägt Konflikte aus, der andere schmollt nur bockig. Einer hat immer Freunde um sich, der andere sucht das Alleinsein. Einer will sich mit allem anvertrauen, der andere bleibt für sich. Schafft sich das Paar dann eine gemeinsame Paarkultur? Oder werden die Unterschiede nur verdeckt und brechen in einer Krise schmerzhaft auf?

Je mehr gemeinsame Kultur ein Paar entwickelt, je mehr hilfreiche Rituale es im Umgang miteinander hat, umso krisenfester ist die Beziehung. Auch für stabile Paare ist Vorsorge besser als Sorge. Es lohnt sich, uns gemeinsam bewusst zu machen, welche Kulturen wir als Paar gut entwickelt haben, und wo unsere Schwachstellen liegen. Denn jede Beziehung ist multikulti.

## SANFT FÜHRT WEITER

»Damit das klar ist, wenn das so weitergeht, dann bin ich raus. Ich lass mir das nicht länger gefallen. Ständig hast du was an mir auszusetzen, nörgelst nur an mir rum. Nein, das muss ich nicht haben. Das muss ich echt nicht haben. Ich weiß gar nicht, was du dir einbildest. Wer glaubst du eigentlich, wer du bist? He?«

Frau M. kommt offensichtlich tief verletzt zur Therapie. Aber so begrüßenswert es ist, dass sie gleich einbringt, wie es ihr geht, gibt es jetzt ein Problem. Denn womit Frau M. nun droht, hat Herr M. augenblicklich wahr gemacht. Herr M. ist weg. Blass, starr und schweigend sitzt er da. Als sei er nur noch ein Geist seiner selbst. Ich fürchte, dass er entweder Geist bleibt oder vor Zorn explodiert, sobald er wieder in seinen Körper zurückkehrt. Ich sage dem Ehepaar, wie ich sie gerade wahrnehme. Und schlage vor, noch einmal von vorne zu beginnen, nachdem wir gemeinsam verstanden haben, was gerade passiert ist.

Wir besitzen bewährte Rituale für den Beginn einer Begegnung, die wir einhalten. Eine Umarmung, ein Kuss unter Liebenden, das Auf-den-Arm-Nehmen kleiner Kinder, der Augenkontakt, das Händeschütteln, das Aufstehen, um den anderen zu begrüßen. Wir bieten einen Sitzplatz an und Getränke. Wir tragen ein tiefes Wissen in uns, wie wichtig der Einstieg für das Gelingen einer Begegnung ist. Und legen entsprechend viel Wert auf die Kontaktaufnahme. Es gibt die Theorie, dass wir es auch tun, weil wir früher in kleinen Gemeinschaften lebten und jeden immer wiedertrafen.

Doch ausgerechnet bei der Person, die wir am häufigsten treffen, missachten wir häufig diese Rituale. Frau M.s Eingangsstatement ist ein klassischer grober, harter Auftakt, der ihren Mann augenblicklich in die Defensive treibt. Er zieht sich ganz in sich selbst zurück, um sich zu schützen, aber auch, um sich und seine Frau vor seiner wütenden Reaktion zu schützen, von der er fürchtet, dass sie alles noch schlimmer machen würde.

Der »grobe Auftakt« oder Harsh Start-up, wie er in der amerikanischen Paarliteratur heißt, entsteht, weil wir unsere oberflächliche Kommunikation in nahen Beziehungen weniger kontrollieren. Unsere Beziehung existiert ja schon, fest und unverrückbar. Wir müssen uns also keine Mühe mehr geben, damit ein guter Kontakt entsteht. Außerdem haben wir in nahen Beziehungen den Anspruch, so akzeptiert zu werden, wie wir sind. Unser Bedürfnis echt sein zu können und das Gefühl uns weder kontrollieren zu wollen noch zu müssen, trifft auf unsere höchst intensiven Gefühle in Liebesbeziehungen, die wir ohnehin schwer kontrollieren können. Diese geballte Gefühlsladung lassen wir dann auch noch absichtlich ungefiltert auf unseren Partner los. Weil wir paradoxerweise glauben, ihn so besser zu erreichen. So als würden wir eine Tür gleich mit dem Rammbock bearbeiten, damit uns bereitwilliger geöffnet wird. Doch stattdessen verriegelt der verschreckte Partner seine Tür erst recht. Ein sanfter Einstieg verhindert, dass der Partner gleich auf der Anklagebank zusammensackt oder sich provoziert fühlt, zurückzuschlagen. »Hast du gerade mal einen Moment? Ich bin nämlich sehr verletzt.« Auch darauf reagiert mancher Partner noch alarmiert. Das lässt sich nicht verhindern. Aber sanft führt in jedem Falle weiter.

## EIN PAAR ALLEIN HAT KEINE CHANCE

Die Sitzungen beginnen immer ähnlich. Herr S. sitzt im Sessel links und weicht dem Blick seiner Frau aus. Frau S. sitzt starr und blass im Sessel rechts. Sie sprechen nicht. Erst wenn ich sage, »Sie wirken wieder gekränkt«, lösen sie ihre stummen Vorwürfe auf. Sie berichtet dann, dass er ihr nicht rechtzeitig von seiner anstehenden Dienstreise erzählt habe. Oder dass er sich nicht um den Ökostrom gekümmert habe oder sie ihn dafür kritisiert habe, wie er die Kinder anziehe. Oder dass er ausgeflippt sei, weil sie seine Salatsoße korrigiert und neu abgeschmeckt habe. Manchmal hat aber auch nur einer von ihnen vergessen, Milch zu kaufen.

Solche Konflikte haben viele Paare. Doch bei Herrn und Frau S. war ich nach einiger Zeit verwundert, wie tief ihre gegenseitige Enttäuschung jedes Mal ging. Und dass sie sich kaum einmal einen Augenblick davon lösen konnten. Sie mochten sich ganz offensichtlich und waren wichtig füreinander. Aber das löste ihre Verletzlichkeit nicht auf. Erst als sie erzählten, dass sie zum dritten Mal in zehn Jahren die Stadt gewechselt hatten, wurde langsam deutlich, was sie tatsächlich belastete. Sie waren ein einsames Paar. Sie wussten es, aber sie nahmen es hin. Sie arbeiteten und kümmerten sich um ihre Kinder, aber sie besaßen kein soziales Netz. Frau S.s gute Freundin lebte mehr als tausend Kilometer entfernt. Und Herr S. hatte schon als Kind nie einen guten Freund gehabt.

So wie sie lebten, mussten sie alles füreinander sein. Doch ein Paar ist keine Insel. In Popsongs klingt »You are everything for me« romantisch. Doch die Realität lässt sich damit nicht bestehen. Wir betonen zwar die Bedeutung von Bindung für unser Paar-Sein, wie überragend wichtig unser Liebespartner als sicherer Halt für unser Leben ist, doch wie immer ist das nicht die ganze Wahrheit. Denn unser Partner kann nicht, wie eine Mutter für ihr Kind, alles für uns sein.

Es heißt, dass man ein Dorf braucht, um ein Kind großzuziehen. Dann braucht es einen Stadtteil, damit ein Paar gut leben kann. Wir brauchen Freunde und Bekannte, weil wir mit ihnen

Interessen leben können, die unser Partner nicht teilt. Wellness-Wochenenden machen, romantische Komödien gucken, Politik diskutieren oder ernsthaft darüber tratschen, welche seiner Affären-Partnerinnen die beste Wahl für unseren süßen Lieblingsschauspieler gewesen wäre. Wir brauchen sie aber auch direkt für unsere Partnerschaft. Weil sie uns auffangen, wenn wir an unserem Liebsten gerade verzweifeln. Weil sie uns unterstützen, uns abzugrenzen. Wir brauchen ihre Anerkennung und ihre Kritik, um uns nicht allein durch die Sicht unseres Partners zu definieren. Wir brauchen Freunde, damit uns unser Partner eben gerade nicht alles bedeutet, um uns nicht völlig abhängig von unserer Partnerschaft zu fühlen, so wie es dem Ehepaar S. geschehen war.

Freunde und Bekannte sind die Zeugen unseres Lebens und unserer Liebesbeziehung. Sie fragen uns nach dem Zustand unserer Liebe und schützen uns vor Selbstbetrug. Wir vergleichen uns mit ihnen und das hilft uns, unsere eigene Beziehung wertzuschätzen oder infrage zu stellen. Manchmal lösen sie Eifersucht in uns aus, wenn sein bester Freund ihm wichtiger zu sein scheint als wir. Aber auch das kann unsere Beziehung beleben, wirft es doch die Fragen auf, auf die unsere Beziehung eine Antwort braucht. Manchmal ist das Beste, was ein Paar für sich tun kann, sich mehr auf andere einzulassen. Denn ein Paar allein hat kaum eine Chance.

# VIII

## BINDUNGSSEXUALITÄT

Unser größtes Sexualorgan ist und bleibt unser Gehirn. Was dort auf unsere Festplatte programmiert ist, bestimmt nicht nur, was wir über Sexualität denken, sondern vor allem, wie wir Sex erleben. Statt einmal mehr über Massageöl nachzudenken, oder welche Reizwäsche Männer wirklich heiß finden, hilft es unserer Sexualität mehr, wenn wir uns um die Vorstellungen kümmern, die wir in uns abgespeichert haben. Wobei ein paar Dessous oder eine erotische Massage nicht zu verachten sind. Aber die Leidenschaft allein durch Spitzenhöschen wachzuhalten, hat noch nie wirklich gewirkt. Veränderung und Abwechslung heben den Dopamin-Spiegel und damit die Möglichkeit zur Leidenschaft, wie die US-Forscherin Helen Fisher nicht müde wird zu betonen. Ein guter Hinweis. Doch ein Trip nach Barcelona führt nicht automatisch auch in die erotischen Zonen. Entscheidender für unsere Sexualität ist zu verstehen, wie unsere Gefühle und unsere Nähe miteinander mit unserem Sexleben verwoben sind.

Und wenn wir über unser Sexleben nachdenken, zu unterscheiden, über welche Sexualität wir sprechen. Ob wir von Geschlechtsverkehr mit einer Barbekanntschaft reden, von einem Blowjob mit einem Unbekannten im Swingerklub oder von Liebe machen in einer langjährigen Beziehung, es ist jedes Mal Sex, aber es ist nicht die gleiche Sexualität. Sie hat jedes Mal eine andere Bedeutung, folgt anderen Gesetzen, dient anderen Bedürfnissen. Wenn es hier um *Bindungssexualität* geht, dann geht es darum, eine erfüllende Sexualität im Langzeitprojekt unserer Liebesbeziehung zu leben.

## ERSTER MYTHOS: SEX IST TRIEB

Die Vorstellung von Sexualität als Trieb stammt aus dem 19. Jahrhundert. Als die Dampfmaschinen begannen, den Menschen die Arbeit abzunehmen. Demnach gibt es eine sexuelle Triebenergie, die unaufhörlich in uns entsteht. Sie sorgt dafür, dass wir sexuell ständig unter Dampf stehen. Wenn unser sexueller Drang nicht befriedigt wird, dann steigt der Druck. Wir müssen Sex haben. Oder wir machen ersatzweise seltsame Dinge, quälen uns mit dem Fahrrad über die Alpen oder backen jeden Tag Törtchen, um Spannung abzubauen und nicht durchzudrehen. Der großartige Sexologe Gunter Schmidt meint dazu, dass dieses Dampfkesselmodell »vermutlich recht präzise das Erleben und Empfinden der Menschen, vor allem der Männer, in *vorliberalen* Zeiten« beschreibt. Als vor den meisten Lustwiesen ein großes »Betreten strengstens verboten« stand, konnte natürlich leicht das Gefühl entstehen, in einem staue sich die Lust unerträglich auf.

Uns beherrschen heute andere Bilder. Aber auch in ihnen lebt die Vorstellung von Sexualität als einem geradezu schicksalhaften Trieb weiter. Wie oft schauen wir den Hollywood-Schönen dabei zu, wie die Leidenschaft in ihnen erwacht. Wie sie sich anschauen und sich erst zögerlich berühren. Und dann, plötzlich, überwältigt sie die unbändige Lust. Kleider werden von Körpern gerissen, Leiber pressen sich gierig aneinander, um sich dann hastig zu vereinigen. Und genau das wollen wir dann auch. Schicksalhafte Sexualität mit der Wucht einer Fernlenkrakete. Wir wollen die fette erotische Welle, die selbst den dürftigsten Sexsurfer mitreißt. Die überwältigende Geilheit, die unseren Verstand ausknipst wie eine überflüssige Nachttischlampe. Der Trieb schlägt zu und wir sind seine nur zu willigen Opfer.

Wenn wir also große Lust verspüren, glauben wir, wir müssten jetzt Sex haben, weil unser Trieb es fordert. Und logischerweise folgern wir weiter, dass unsere gemeinsame Sexualität erloschen ist, sobald sie uns nicht mehr gewaltsam aufeinander zutreibt. Was uns tatsächlich fehlt oder bewegt, danach gucken wir dann nicht mehr. Doch weil wir uns getrieben fühlen, heißt das noch lange nicht, dass wir einem Trieb gehorchen. Der Sexualtherapeut Christoph Ahlers sagt dazu, dass, wer über einen »Samenstau« klage, tatsächlich wohl eher unter einem »Gefühlsstau« leide.

Sexualität ist kein Trieb, sondern eine Möglichkeit des Erlebens. Wir verstehen und erleben Sexualität, so schreibt Gunter Schmidt, »als Ressource, als eine (biologisch vorgegebene) Möglichkeit für Lust-, Erlebnis- und Intimitätssuche. Uns spätmoderne Menschen treibt nicht so sehr die Frage um, wie man sexuelle Spannungen und Druck loswerden kann, um Ruhe zu finden, sondern *was man alles mit der Sexualität anstellen kann*.« Oder wie Woody Allen sagte: »Ich kenne die Frage nicht, aber Sex ist auf jeden Fall die Antwort.«

Zu den Zeiten des alten Triebmodells lauerte überall verborgen das Sexuelle. Jeder Turm wurde zum Pimmel und jede Steckdose zu einer Muschi. Heute ist es umgekehrt. Wir entdecken, was alles im Sexuellen lauert. Welche Übergriffe, welche Ungleichheiten, welche Machtverhältnisse darin verborgen sind. Und welche Sehnsüchte und Bedürfnisse es tatsächlich sind, die wir im Gewand der Sexualität ausdrücken und befriedigen.

Wir beklagen in unseren partnerschaftlichen Beziehungen am meisten, dass sich die Sexualität in den Dornröschenschlaf verabschiedet. Wenn wir uns vom Triebmodell lösen, dann leiden wir unter keiner sexuellen Störung, wenn wir lustlos nebeneinander liegen und die Decke anstarren. Sondern wir können uns fragen, was eigentlich mit uns als Paar los ist. Denn offenbar haben wir irgendwie den Zugang zueinander verloren. Wir fühlen uns nicht anerkannt oder geschätzt. Wir sind unsicher geworden, ob wir füreinander noch sexuell attraktiv sind. Oder wir lehnen die körperliche Nähe ab, weil der Partner uns verletzt hat. Es gibt tatsächlich einen »Gefühlsstau«, den wir auflösen müssen.

## ZWEITER MYTHOS: UNSERE STEINZEITSEXUALITÄT

Eine weitere Vorstellung, die unsere Paarsexualität behindert, ist das Standardmodell der Geschlechter-Sexualität. Es geht ungefähr so: Wir sind monogame, heterosexuelle, geschlechtlich festgelegte Wesen und suchen einen Partner auf Lebenszeit. Weil Männchen aber aggressive Jäger und Weibchen gefühlige Sammler sind, passen Männer und Frauen schon seit der Steinzeit nicht zueinander. Was wir heute noch ausbaden müssen.

Männer wollen deshalb ständig Sex. Sie wollen ihren Samen in möglichst viele Weibchen einbringen und stehen auf gut aussehende, symmetrisch gebaute junge Weibchen, weil die besonders fruchtbar sind. So bekommen sie möglichst viele Kinder. Um ihre Gene aber noch weiter zu verbreiten, sind Kerle notorische Weibchen-Jäger. An Gefühlen und Bindung sind sie nicht wirklich interessiert. Sie passen nur höllisch auf, dass ihre Weibchen keinen anderen Typ ranlassen.

Frauen dagegen sind nicht besonders an Sexualität interessiert. Sie stehen mehr auf Gefühle und die Sicherheit eines gefüllten Bankkontos sowie den sozialen Status ihrer Männchen. Sie möchten die Männchen an sich binden, um nach neun Monaten nicht mit der Aufzucht der Brut alleine dazustehen, sondern mit einem verständnisvollen Kerl in einer Villa am Starnberger See leben.

Erstaunlich, dass das steinzeitliche Standardmodell der sexuellen Geschlechterbeziehungen immer noch in unseren Köpfen rumspukt, trotz Gender-Debatten, trotz der wachsenden Anerkennung queerer Identitäten, trotz zunehmender Gleichberechtigung der Geschlechter. Und trotz unseres Wissens darum, dass Frauen, sobald sie ökonomisch unabhängig sind, in ihren sexuellen Kontakten den Männern in nichts nachstehen. Und seitdem Männer nicht dauerhart, sondern auch weich und verletzlich sein dürfen, steigt die Anzahl der Paare, in denen der Mann das lustlose Wesen ist. In früheren Epochen hätte das niemand verwundert, denn damals galten Männer als das sensible Geschlecht. Und Frauen waren für ihren unstillbaren sexuellen Appetit gefürchtet.

Wir werden nie genau erfahren, ob Mrs. oder Mr. Flintstone nun den größeren sexuellen Appetit hatten. Aber das ist auch unwichtig. Wichtig ist es, uns von einem Modell unserer Sexualität zu verabschieden, das behauptet, unsere »natürliche« Sexualität zu beschreiben. Es ist mehr als fraglich, ob so etwas für Menschen überhaupt je existiert hat. Der Evolutionsbiologe E. O. Wilson schreibt: »Alles, was wir aus der genetischen Geschichte als Mensch vermuten können, weist auf eine liberale sexuelle Moral hin, in der sexuelle Praktiken zuerst als Bindungsmaßnahmen und erst in zweiter Linie als Mittel der Fortpflanzung betrachtet werden.« Was ja ein möglicher Hinweis darauf ist, dass wir eine Chance haben, feste Bindungen und Sexualität zusammenzubringen.

Dass Männer immer nur Sex und Frauen immer neue Handtaschen wollen, hat uns eine Zeit lang als Caveman-Comedy gut unterhalten. Jetzt ist es nicht mehr witzig, sondern doof. Aber leider auch schädlich. Laut einer Umfrage treffen sich sechzig Prozent der Amerikanerinnen nicht mehr allein mit einem Mann auf ein Bier, weil sie das Bild beherrscht, »dass Männer unterentwickelte Sexbesessene sind«.

## UNSERE SEXUELLE FREIHEIT

Unsere Sexualität ist nicht genetisch festgelegt, auch wenn unsere sexuellen Präferenzen, wie Sexualforscher schätzen, zu ca. dreißig Prozent durch genetische Faktoren mitbestimmt sind, also welches Geschlecht uns anzieht und wer genetisch zu uns passt, damit unser Nachwuchs mit einem wirksamen Immunsystem ausgerüstet wird. Aber wir entscheiden, wie wir unsere Sexualität oder ob wir Sexualität leben wollen. Mit der Einschränkung, dass wir dabei natürlich nie vollständig frei sind. Die menschliche Sexualität ist immer durch die kulturell bestimmten Erfahrungsmöglichkeiten und die emotionalen Prägungen aus der Kindheit geformt. Wir mögen ja intellektuell durchaus einsehen, dass ein One-Night-Stand unseres Partners keine Katastrophe ist. Aber unsere Eifersuchtsgefühle sprechen eine ganz andere Sprache. Wir sehen ein, dass Tabus im Sex nur Spaßbremsen sind, aber schämen uns trotzdem für unsere schlaffen Pobacken.

Die Generationen der Achtundsechziger und Babyboomer

befreiten die Sexualität, scheiterten aber mit ihren Projekten der freien Liebe. Die nachfolgenden Generationen der Millennials, der zwischen 1980 und 2000 Geborenen, wuchs schon mit einem relativ freien Verständnis von Sexualität auf. Sie scheinen anders mit ihrer Sexualität umzugehen als die Generationen ihrer Eltern und Großeltern. Sie erleben weniger Tabus von außen, dafür aber vermehrt andere Ansprüche: gefühlsechte Liebhaber zu sein, erotische Vorlieben rückhaltlos zu erforschen und befriedigen zu können, das Rein-Sexuelle vom Emotional-Verbindlichen trennen zu können.

Sie experimentieren mit Sexualität. Sie sind sich bewusst, dass sexuelle Treue zu einem einzigen Partner ein schwieriges Unterfangen ist. Sie denken über Polyamorie nach, aber nicht, um die Zweierbeziehung abzuschaffen, sondern im Gegenteil, um eine langfristige, feste Bindung möglich zu machen, die nicht an unausgelebten sexuellen Wünschen scheitert. Die sexuelle Situation im ersten Viertel des 21. Jahrhunderts lautet für viele: Du kannst sexuell alles tun, aber du weißt nicht wirklich, was du sinnvollerweise damit anfangen sollst.

Sexualität ist untrennbar in unser Leben verwoben. Nähe, Liebe und Intimität erleben wir in der Sexualität auf die für uns unmittelbarste Art. Das macht Sex so zentral für unsere festen Liebesbeziehungen. Und so schwierig. Denn wie können wir eine aufregende Sexualität erhalten, obwohl wir doch jeden Quadratzentimeter Haut schon gegenseitig erforscht und jede mögliche Stellung schon durchgeturnt haben? Und wie bringen wir unsere unterschiedlichen erotischen Wünsche, unser nicht gleich starkes sexuelles Verlangen an den Mann oder die Frau?

Solange es um »Vanille-Sex« geht, ist es einfacher. Vanille ist die beliebteste, aber auch die gewöhnlichste Geschmacksrichtung.

Schwieriger wird es beim »Kinky Sex«. Sex, bei dem es um Fesseln, Streckbänke, ritualisierte Unterwerfung, Gangbang oder andere Formen der Lusterregung geht. Diese Bedürfnisse zu äußern, um sie gemeinsam auszuhandeln, kann mehr Angst machen. Wird uns der Partner verlassen, wenn wir uns seinem Bedürfnis, mit High Heels über seinen Rücken zu laufen, verweigern? Und umgekehrt, wird sich unsere Partnerin von uns abwenden, wenn wir uns wünschen, zwischen ihren Brüsten zu kommen? Wie groß sind die Spielräume? Kann sich der Partner wenigstens manchmal darauf einlassen? Können wir damit leben, Wünsche zu haben, ohne sie ausleben zu können? Vor allem aber, bleiben wir über unsere Bedürfnisse und Gefühle im Kontakt? Denn dann können wir einen gemeinsamen Weg finden.

Wie dieses Paar. Sie lernen sich gerade kennen. Er schildert sein Sexklub-Leben und lädt sie dazu ein. Sie lehnt es ab. Schließlich entscheidet er sich, seine Klub-Kontakte für die neue Beziehung aufzugeben. Oder das Paar, das einen dritten Partner hinzunimmt, um seine Sexualität zu beleben. Sie genießt es, er entwickelt starke Eifersuchtsgefühle. Das Paar beginnt eine Therapie, um sich mit ihren unterdrückten Gefühlen und unausgesprochenen sexuellen Bedürfnissen auseinanderzusetzen. In einer anderen Paarbeziehung entdeckt die Frau ihre Leidenschaft für SM. Im Konflikt darüber werden dann endlich die unbefriedigten Bedürfnisse ausgesprochen, die nicht sexueller Natur sind, und um eine neue Basis in der Beziehung gerungen. Ein Paar beschließt, dass er seine Leidenschaft für Cross-Dressing mit ihrem Wissen ausleben darf, wenn sie nicht im Haus ist. Ein anderes findet die Lösung darin, dass sie ihre Bondage-Leidenschaft mit einer Partnerin auslebt, durch die er sich emotional nicht bedroht fühlt.

Sexualität in festen Liebesbeziehungen, so viel wissen wir, ist nach einiger Zeit kein Selbstzünder mehr. Es wird schwieriger, einander zu begehren. Denn wie soll man jemanden begehren, zu dem es keine Distanz gibt? Wenn Erregung eine Mischung aus Anziehung und den Hindernissen ist, die wir überwinden müssen, wie sollen wir erregt werden? Es gibt zu wenig Abstand für wirkliche Anziehung und statt zu überwindender Hindernisse unerotische Fürsorge.

Mit »hot or not«, der Vorstellung, dass man auch in festen Beziehungen nur Sex hat, wenn man wieder so richtig heiß aufeinander ist, kommen wir nicht weiter. Wenn wir im Restaurant essen wollen, dann müssen wir die Idee verfolgen, es beschließen und es vorbereiten. Wir müssen unseren Wunsch äußern, uns verabreden, reservieren und uns auf den Weg machen. Wenn wir Sex haben wollen, dann ist das nicht anders. Partnersexualität bleibt lebendig, wenn sie oben auf unserer emotionalen To-do-Liste steht. Das klingt schrecklicher, als es ist. Denn wir organisieren unsere Gefühlswelt ständig ganz bewusst und geplant. Wir beschließen, ein Wochenende allein mit unserem ältesten Kind zu verreisen, weil wir uns ihm nicht mehr so nah fühlen. Wir rufen unsere Freundin an, um den Kontakt zu halten. Ist es so anders, unser Wochenende nicht lückenlos zu verplanen, damit wir Sex haben können, wenn wir unseren Partner gerne ganz nah an uns spüren möchten?

Die sexuelle Ur-Formel »Lust = Erregung = Orgasmus = zufriedene Entspannung« versagt. Denn häufig braucht es sexuelle Stimulation, bevor überhaupt Lust aufkommt. Auf die Lust zu warten, ist eher eine effektive Form der Empfängnisverhütung. Über die Erregung zur Lust zu gelangen, ist der gangbarere Weg.

Also bereit sein, sich auf stimulierende Berührungen einzulassen, ohne bereits heiß auf Sex zu sein.

Ein entscheidender anderer Faktor ist, dass kein Partner sexuell unter Druck gerät. Das »Nein« in der Liebe muss möglich und akzeptiert sein. Sex braucht Freiheit. Schließlich wollen wir im Sex loslassen. Aber das akzeptierte »Nein« gibt auch die Sicherheit, dass unsere Bedürfnisse niemals überrannt werden. Wir können, auch wenn wir gerade im Fernsehprogramm blättern, auf Sex umschalten, wenn uns das Angebot verführerisch erscheint. Aber wir brauchen auch das Gefühl, die letzte Folge des Krimi-Vierteilers den sexuellen Annäherungsversuchen unseres Liebsten vorziehen zu dürfen. Wir müssen Sex ablehnen dürfen. Wenn der Zurückgewiesene das nicht erträgt, und sich deshalb ungenügend und ungeliebt fühlt, müssen wir kein sexuelles Problem lösen, sondern ein emotionales.

Und ja, wir müssen über Sexualität sprechen. Doch nicht mit dem Gefühl, die geäußerten Wünsche das anderen erfüllen zu müssen. Sondern um sie zu kennen und zu erleben, was sie in uns auslösen. Und unsere Reaktion darauf zu teilen. Damit wir nicht in irgendwelchen Fantasien über unseren Partner, dem unbekannten Sexualwesen, festhängen. Und damit wir einen lebendigen Dialog über Sexualität führen können, wenn wir ihn brauchen. »Nicht die sexuellen Handlungen machen optimale Sexualität aus, sondern die Art und Weise, wie man mit einem Partner zusammen ist«, so die kanadische Sexologin Peggy Kleinplatz.

Es gibt eine Studie mit Partnern jenseits der sechzig, die mindestens fünfundzwanzig Jahre lang in einer festen Paarbeziehung lebten und nach eigenen Aussagen über eine lange Zeit eine gute

Sexualität erlebt haben. Also eine Studie mit wahren Experten. Dabei ergaben sich acht Komponenten, die eine optimale Sexualität ausmachen. Präsenz – Verbundenheit – Intimität – emphatische Kommunikation – Risikobereitschaft (sich zu zeigen und zu öffnen) – Authentizität – Verletzlichkeit und Hingabebereitschaft – Gefühle von Transzendenz, Seligkeit und kosmischer Verbundenheit. Unschwer können wir ablesen, dass Nähe und die Bereitschaft, offen zu sein, emotionale Risiken einzugehen und dadurch verletzbar zu werden, das Sexleben erhalten.

Eine Tagbuchstudie deutet in die gleiche Richtung. Partner notierten jeden Tag ihre Befindlichkeiten und Aktivitäten. Dabei stellte sich heraus, dass die Paare Sex hatten, sobald sie sich offener in der Beziehung fühlten und dem Partner näher und zugewandter. Die Autorin Erica Jong wusste das schon in den Siebzigerjahren, als sie in einem ihrer Bestseller schrieb: «Man kann einen Schwanz nicht lieben, ohne seinen Besitzer zu mögen.«

Auch der Paarforscher John Gottman interpretiert die Ergebnisse einer weltweiten Online-Studie, an der über siebzigtausend Menschen aus vierundzwanzig Ländern teilnahmen, in die gleiche Richtung. Partner mit einem befriedigenden Sexleben sind einander zugewandt, küssen sich leidenschaftlich, drücken in der Öffentlichkeit ihre Zuneigung aus und schmusen miteinander. Die Forschung besage, dass nur sechs Prozent der Menschen, die nicht schmusen, ein erfüllendes Sexleben haben. Wenn Sie nicht schmusen, so Gottman, dann schütten Sie nicht das Bindungs- und »Kuschelhormon« Oxytocin aus, und ihr Sexleben ist unbefriedigend.

## BEWUSSTER SEX

Sexualität in langjährigen festen Beziehungen braucht also vor allem eine sichere emotionale Basis, wie ein Behältnis, eine Schale, in der sie gut aufgehoben ist. Wie ein Boden, auf dem sie sich wie eine Pflanze entwickeln kann. Doch eine sichere Bindung führt keineswegs automatisch zu lustvoller Bindungssexualität. Wohlige Geborgenheit und Vertrautheit sind das emotionale Kissen, auf dem wir unsere Sexualität betten können. Aber damit wir nicht vor lauter vertrauter Wonne mitsamt unserer Sexualität sanft entschlummern, brauchen wir Wege, die uns in unsere Lust führen.

Im weiten Feld der sexuellen Lustmöglichkeiten finden wir auf der einen Seite die unpersönliche Sexualität der Seitensprungportale und Darkrooms. Sex als Lustabfuhr. Und auf der anderen Seite die zumeist esoterisch angehauchte, bewusste sexuelle Begegnung, die auf tantrische Traditionen aufbaut und Sinnlichkeit als Weg zu einer tiefer gehenden Vereinigung begreift. Mit der Person, die uns am vertrautesten ist, unpersönlichen Sex haben zu wollen, ist widersinnig. Es kann nicht die Grundlage des gemeinsamen erotisch-sexuellen Lebens sein. Auch wenn wir gelegentlich rollenspielen können, dass wir uns gerade erst in der Hotelbar kennengelernt haben. Wir brauchen Wege des körperlichen Kontakts, der Gefühle ein- und nicht ausschließt. Deshalb lohnt ein Blick auf die »tantrischen« Ideen zu Sexualität, ohne dass wir die esoterischen Anteile aufgreifen müssen. Yoga betreiben wir Westler auch nicht mehr, um im Kopfstand ins Nirvana einzugehen. Sondern weil wir im »Kamel« unsere kurz gesessenen Muskeln dehnen wollen.

Tantra war lange Zeit die im indischen Raum dominierende Geisteshaltung. Während Yoga Körper und Geist zu beherrschen lehrt, schlägt die Tantra-Tradition den umgekehrten Weg vor. Dem körperlichen Erleben bewusst zu folgen, Sinnlichkeit auszuweiten und in der Sexualität vom Tun und Handeln zu Sein und Erleben zu wechseln. Statt die Erregung hochzupushen, werden Entspannung und Bewusstheit angestrebt. Nicht darauf fixiert sein, möglichst gewaltig zum Orgasmus zu gelangen, sondern die Erregung ganz absichtsvoll immer wieder zu drosseln und über bewusstes Atmen und Körperwahrnehmung das Erleben zu vertiefen. »In Wahrheit sind die Menschen viel zu erregt, um richtig guten Sex zu haben«, sagt die Tantra-Lehrerin Diane Richardson. Und meint damit, dass wir mehr erleben, wenn wir auch in der Sexualität absichtsloser, viel langsamer und behutsamer handeln. Slow Sex eben, so wie wir Slow Food schon entdeckt haben.

Auch in der Sexualtherapie wird das absichtslose körperliche Miteinander angewandt. Sich einfach unbekleidet gemeinsam ins Bett zu legen und dann zu sehen, was geschieht. Sich am ganzen Körper zu streicheln und zu berühren, ohne dabei erregen zu wollen, sondern sich nur erleben lassen, die Begegnung möglich machen, den körperlichen Dialog, aus dem heraus sich erotische Impulse entwickeln können.

»Es gibt nichts Gutes, außer man tut es.« Erich Kästner bleibt unübertroffen. Allein schon aus dem diffusen »Wir-haben-so-lange-keinen-Sex-mehr« herauszukommen und konkreter zu werden, hilft ungemein. Wieso legen wir uns nicht zusammen hin und berühren uns? Was geschieht in dir, was in mir, dass wir es nicht tun?

Achtsamkeit ist ein großes Thema und droht zum nebenwirkungsfreien Allheilmittel der digital beschleunigten Moderne verklärt zu werden. Das ist Achtsamkeit sicher nicht. Denn so einfach es klingt, so schwer ist es wirklich, achtsamer zu werden. Doch die körperliche Begegnung ist einer der besten Orte, um Achtsamkeit zu lernen. Ohnehin ist Sex für viele die Situation, in der sie Körperempfindungen und Sinneseindrücke am intensivsten wahrnehmen. Und über die bewusste Wahrnehmung des Körpers und innerer Prozesse wird Achtsamkeit erlernt.

Wir haben es wortwörtlich in der Hand. Wir berühren viel zu oft, ohne bewusst hinzuspüren, was unsere Hände wahrnehmen. Dabei können wir erforschen, was unsere Hände spüren, lernen, unseren Händen ungezielt und absichtslos zu folgen. Wir können in einen offenen, neugierigen Lernprozess eintreten, können uns Rückmeldungen über unsere Berührungen geben. Wir fürchten die Langeweile, die Wiederholungen, das immer Gleiche. In unserem inneren, sinnlich-körperlichen Erleben existiert eine Unendlichkeit. Wir müssen nur aufbrechen, sie zu erfahren.

Einmal in der Sexualität angelangt können wir weiterexperimentieren. Was geschieht, wenn wir Sex mit offenen Augen, mit Augenkontakt haben? Wenn wir tiefer atmen, unseren Atem in jeden Bereich unseres Körpers lenken? Was geschieht, wenn wir im Koitus innehalten, bewegungslos miteinander liegen, erlauben, dass die Erektion nachlässt?

Sind wir bereit, uns darauf einzulassen, zu experimentieren?

Statt auf den erotischen Orkan zu warten, erzeugen wir selbst eine sanfte Brise. Wir schaffen eine Sexualität der Nähe. Sex, zu dem wir uns sogar verabreden können. Sex, der nicht immer das grandiose Fest sein muss. Aber niemand hat etwas dagegen, wenn es in eine Feier mündet.

## DER ANDERE KERN DER LEIDENSCHAFT

Doch wirklich heiß wird die Party nur, wenn wir uns gleichzeitig selbstbewusst von unserem Liebsten unabhängig machen und in unserer Sexualität auch eine gewisse Feindseligkeit ausleben.

Denn Sex ist mehr als erregende Achtsamkeit. Sexualität lebt nicht nur von edlen und reinen Gefühlen. Was auch Woody Allen erkannte:»Ist Sex schmutzig? Nur wenn man ihn richtig macht.« In der Sexualität begegnen wir einander immer zweifach. Wir begegnen einer einzigartigen Person und andererseits einem Objekt. Uns erregen Füße, Brustwarzen oder Beine. Aber es sind nicht die bestimmten Beine einer bestimmten Person. Wir möchten, dass die Zunge um unseren Kitzler kreist. Wem die Zunge gehört, dem gilt nicht unsere Aufmerksamkeit, solange sie nur genau so weiterkreist. Wir wollen einen harten Penis an Schamlippen reiben. Wir sind verrückt danach, in Achselhöhlen zu schnuppern, uns in Pobacken zu verkrallen. Unsere Lust steigert sich an Körperteilen und bestimmten Handlungen, hinter die das Bewusstsein, mit einem geliebten Menschen Sex zu haben, zurücktritt.

Wir ignorieren die Befindlichkeit unseres Sexpartners für Momente, sind rücksichtslos, um ungehindert unsere Impulse zu leben. Wir muten uns zu. Psychologisch überwinden wir unser eigenes Erleben, uns ausgeliefert und bedroht zu fühlen, indem wir sie gegen den Partner wenden und sie ihn fühlen lassen. Wir »geben« es dem anderen, »nehmen« ihn und »zeigen« es ihm. Wir liefern ihn seiner und unserer Lust aus, folgen hemmungslos unserer eigenen Erregung und bremsen uns nur, wenn uns zu große Schmerzen und Missempfindungen zurückgemeldet werden.

Wir können unsere Aggression leben und Grenzen austesten, weil wir die Grenzen des anderen letztlich respektieren, die völlig selbstbezogene Feindseligkeit in einer liebevoll mit dem Partner verbundenen sexuellen Begegnung. Zu riskieren, spontan über die Grenzen des bislang Vertrauten zu gehen, führt in die Leidenschaft. Das steht nicht im Gegensatz zu emotionaler Sicherheit und achtsamem Sex, sondern ist nur in einer davon geprägten Sexualität möglich. Mae West sagte dazu: »When I'm good, I'm very good, but when I'm bad, I'm better.«

## SEX MUSS NICHT IMMER EIN FEUERWERK SEIN

Wir suchen, so der Sexualtherapeut Ulrich Clement, heute »Sex, der es wert ist, gewollt zu werden«. Der Sex bleibt wacher, das Begehren stärker, wenn wir beim Sex auch auf die Befriedigung des Partners ausgerichtet sind.

Paare, die mit ihrem Sexleben zufrieden waren, berichteten ebenfalls von einer höheren Beziehungsqualität, auch das ein Untersuchungsergebnis. Bereits bei der Partnersuche legen wir Wert auf erotisch-sexuelle Anziehung und binden uns dann an einen Menschen, bei dem der berühmte Funken überspringt. Und das ist gut so. Denn nach meiner Erfahrung finden es die Paare am schwersten, eine befriedigende Sexualität in ihrer Partnerschaft zu erhalten, deren sexuelle Begegnung schon zu Beginn ihrer Beziehung nicht wirklich erregend war. »Sex gibt uns auf unvergleichlich intensive Weise das Gefühl, dass wir richtig und in Ordnung sind.« Und wir erleben darin letztlich »Erlösung durch Überwindung von Vereinzelung«, wie es Christoph Ahlers formuliert. Wir erfahren in unserer gemeinsamen Sexualität im Idealfall das, wonach wir emotional letztlich in unseren Liebesbeziehungen suchen. Sex an sich ist großartig. Das bedeutet aber nicht, dass er in unseren Beziehungen immer großartig sein kann. Wir müssen auch den nicht so befriedigenden Sex leben, den langweiligen. Das ist der letzte Mythos, den wir aufgeben sollten: dass Sex immer ein Feuerwerk sein muss. Und manchmal brauchen wir ja nur ein Herdfeuer, an dem wir uns wärmen können.

Wir sollten auch die Häufigkeit unserer sexuellen Begegnungen nicht überschätzen. Untersuchungen besagen, dass die Beziehungszufriedenheit generell nicht davon abhängt, wie oft Sex stattfindet. Langjährige Paare haben auch deshalb weniger Sex, weil sie nicht miteinander schlafen müssen, um ihre Verbundenheit zu festigen.

Die allgemeingültige Sexualität existiert nicht. Sex ist das, was wir daraus machen. Aber wenn wir uns frei von (falschen) Vorstellungen machen, dann sind wir auf dem richtigen Weg. Niemand hat gesagt, dass er einfach ist. Und auch das zu akzeptieren ist ein wichtiger Schritt. Wohin er uns führen wird, werden wir erst wissen, wenn wir ihn gegangen sind. Die alte Weisheit, dass der Weg beim Gehen entsteht, ist vermutlich nirgendwo so wahr, wie in Bezug auf unsere Sexualität. Hauptsache, wir bleiben nicht stehen.

## SEX MIT DEM PARTNER IST MEHR ALS SEX MIT DEM PARTNER

Tom lässt den Kopf hängen. Er gibt nicht leicht auf. Aber was er gerade hört, macht ihn hoffnungslos. »Ich liebe Tom ja, wirklich, aber … ich kann ja auch nichts dagegen machen. Ich begehre ihn irgendwie nicht mehr so … naja.« Susan guckt hilflos. Tom und Susan wollten ihre Sexualität beleben. Und experimentierten mit Sex zu dritt. Für Susan eine erfüllende Begegnung. Für Tom eine frustrierende. Susan gab das erotische Abenteuer nur auf, weil sie sah, wie sehr Tom litt. Doch obwohl sie sich gegenseitig ihrer Liebe versichern und die Defizite ihrer Beziehung in der Therapie aufarbeiteten, der Mann in Susans erotischen Tagträumen ist nicht Tom.

Sexualität hat viele Spielarten. Pornografie, Swingerklubs, Telefonsex, bizarre Vorlieben, Sextoys oder Unterwerfung. Die Sexualität einer festen Partnerschaft kann vieles enthalten, sicher aber nicht alles. Die Partnersexualität ist immer nur ein Stück der sexuellen Torte. Das ist uns allen klar. Was wir aber häufig übersehen: Es ist nicht einmal dieselbe Torte!

In der Sexualität einer festen, langfristigen Beziehung sind wir nicht mehr dauerscharf aufeinander. Wir wünschen uns dann die sexuelle Lust unserer ersten gemeinsamen Zeit zurück. Es soll wieder so sein, wie es am Anfang war. Doch es gibt kein Zurück. Schleichend haben wir uns in eine andere Sexualität bewegt. Sie ist nicht schlechter, sie ist nur anders. Nennen wir sie die Partnersexualität.

In der Partnersexualität spielen unsere Bindungsbedürfnisse eine immer größere Rolle. Die sexuelle Begegnung ist nicht nur ein Akt der Nähe, sondern wird immer mehr auch eine Bestätigung der Nähe. Sex miteinander bedeutet dann auch: Wir gehören zusammen. Wir sind die sexuellen Partner. Wir bleiben zusammen.

Weil uns die Beziehung so wichtig ist, schränken wir unsere sexuelle Lust schnell ein. Wir geben sexuelle Wünsche auf, die unser Partner nicht teilt oder von denen wir fürchten, dass er sie ablehnen wird, um unsere Beziehung von Konflikten frei zu halten. Wir halten Bedürfnisse und Fantasien zurück, weil wir die Achtung des Partners nicht verlieren wollen. Damit Partnersexualität lebendig bleibt, müssen wir es aber wagen, unsere sexuellen Vorlieben weiter zu erforschen und zu äußern.

Doch das setzt emotionale Offenheit voraus. Partnersexualität bleibt nur durch emotionale Nähe lebendig. Wir brauchen Vertrauen, ein gutes und sicheres Beziehungsgefühl, um unsere

Gefühle zu zeigen, unsere Wünsche zu offenbaren und um körperliche Nähe zuzulassen. Durch körperliche Nähe fühlen wir uns einerseits sicher, geborgen und angenommen, andererseits können wir einander in dieser leiblichen Nähe sexuell erregen. Wir brauchen die sexuelle Erregung, die Stimulation, um unser Begehren zu wecken. Als wir uns kennenlernten, war das nicht so, es gab erst das gegenseitige Begehren, daraus entstand unsere Erregung, wir hatten Sex und befriedigten uns. Doch in der Partnersexualität müssen wir lernen, uns auf liebevolle sexuelle Stimulation einzulassen, um unser Begehren zu wecken. Die Sexualität in einer festen, langjährigen Beziehung hat eigene Gesetze. Wir müssen, wie Susan, lernen, in der Partnersexualität unser Begehren zu finden. Weil Sex mit dem Partner mehr ist als Sex mit dem Partner.

## SEX VERSCHWINDET NICHT EINFACH SO

»Wie lange schon?« »Sechs Jahre.«. Roland wirkt ernst und entschlossen, als befinde er sich auf einer Mission, die er nicht aufgeben will. Anette dagegen sieht ängstlich aus, unsicher. Eine lange Zeit ohne Sex. »Was geschah denn damals in Ihrer Beziehung?« Anette antwortet: »Ich war mit Tom schwanger. Es war schon nach der ersten Schwangerschaft schwierig, aber dann, nach Toms Geburt ..., seitdem ... läuft einfach nichts mehr.« Ich schaue sie an. »Sex kann schwierig werden. Aber er verschwindet nicht einfach.«

Viele Paare verlieren irgendwann ihre gemeinsame Sexualität. Die wenigsten sind glücklich damit, aber oft resignieren sie. Statistisch ist belegt, dass die sexuelle Aktivität mit der Beziehungsdauer abnimmt. Stimmt der negative Beziehungsmythos vielleicht doch, wonach der erotische Kitzel durch zu viel Nähe und Vertrautheit zwangsläufig verloren geht? Dass man sich damit abfinden muss, dass die sexuelle Spannung verschwindet?

Sex ist aufregend, wild, gefährlich, überwältigend. Aber in festen Beziehungen ist die sexuelle Begegnung vor allem die unmittelbarste und intensivste Möglichkeit, uns angenommen, geborgen, nah, geschätzt, letztlich geliebt zu fühlen. Und Sex definiert uns als Paar. Wir sind ein Paar, weil wir Sex miteinander haben und nicht mit jemand anderem. Das lädt die Partnersexualität mit Bedeutung auf und macht sie anfällig für Störungen. Wenn du nicht mit mir schläfst, dann heißt das eben nicht nur, dass du keine Lust hast, sondern dass unsere Verbindung gefährdet ist, dass du mich ablehnst, dass unsere Liebe nicht mehr stark ist.

Doch da zwei Menschen selten haargenau in ihrem Lustempfinden übereinstimmen, drohen Paare in die für Beziehungen typischen Konfliktkreisläufe zu geraten. Ein Partner möchte mehr körperliche Liebe, der andere fühlt sich dadurch bedrängt, was seine Lust eher mindert, und schon eskaliert der Konflikt.

Bei Roland und Anette eskalierte der Konflikt schnell, und der Anlass, ihre Elternschaft, ist häufig. Er fühlte sich von der übermüdeten Mutter, der schon die Bedürfnisse des Babys zu viel waren, zurückgewiesen. Er wollte Anette nicht unter Druck setzen, aber vor allem sich selbst vor dem schrecklichen Gefühl schützen, abgewiesen zu werden. Deshalb hielt er sich zurück, wofür sich Anette schuldig fühlte. Sie wurde unsicher, ob sie sexuell noch attraktiv für ihn sei. Und ihr fehlte die Nähe zu Roland, um zu ihrem sexuellen Begehren zu finden. Ihr Sex stand still. Ihr war es zu unsicher, ihn näher kommen zu lassen. Er fühlte sich zu unsicher, um sich näher zu wagen.

Sexlosigkeit ist sehr selten ein sexuelles Problem. Sie ist ein Symptom unserer Ängste, die wir bei unserem Gegenüber nicht wahrnehmen, weil wir sie einander nicht zeigen. Der erste hilfreiche Schritt ist, Sexualität wieder gemeinsam oben auf die Beziehungsliste zu setzen. Und dann offen und ehrlich miteinander zu sein, erst mit Worten, dann mit den Körpern. Aber wir können davon ausgehen, dass der Weg zur sexuellen Begegnung nur verbaut ist, denn Sex verschwindet nicht einfach so.

## MEIN SEX UND DEIN SEX IST KEIN SEX

Bettina wischt hastig eine Träne weg. Gerade hat sie über ihren letzten Streit mit Anne gesprochen und sich noch gefreut, wie gut sie ihn aufgelöst haben. Aber jetzt sind beide plötzlich still und in sich gekehrt. Jetzt, wo es um Sexualität geht. Nach einer Weile holt Bettina tief Luft: »Letztlich bin ich wohl einfach nicht die richtige Frau für ...« Anne unterbricht sofort: »Du bist absolut die richtige Frau für mich, auch sexuell, du machst dich nur klein ...« Jetzt unterbricht Bettina: »Ach komm, du hast doch ganz anderen Sex gelebt mit deinen Ex-Frauen. So bin ich einfach nicht ... ich bin sexuell, na, eher Hausmannskost, ich kann das nicht bieten.« Anne senkt den Blick. »Jetzt komm ich mir wie das Sexmonster vor«, sagt sie. »Geht es nicht um EURE Sexualität?«, frage ich.

Ein Paar ist auch sexuell mehr als zwei Einzelne. Sexualität ist Teil der gemeinsamen Kommunikation, und nicht die Addition zweier festgefügter, für sich existierender Sexualitäten. Wenn wir uns selbst sexuell stimulieren oder unseren sexuellen Fantasien nachhängen, dann gibt es unsere ganz persönliche sexuelle Welt. In ihr haben wir unsere eigenen sexuellen Vorlieben. Uns törnt Sex auf der Flugzeugtoilette an oder Orgasmen mit verbundenen Augen. Doch so wenig ein Gespräch zwei nacheinander aufgesagte Monologe sind, ist eine sexuelle Begegnung mein Sex plus dein Sex. Es ist unser Sex. Einzigartig und nur miteinander erlebbar. Wir wissen das, wenn wir Sex mit unterschiedlichen Partnern hatten und erlebt haben, dass Sex mit jedem anders war.

Wenn unsere Sexualität unverrückbar festläge und jeder nur den perfekten Mitspieler suchte, wenn wir nur abwechselnd heute meinen Sex und morgen deinen leben würden, wie befriedigend könnte Sex dann sein, wo es doch für einen der beiden immer nur eine Pflichtübung wäre?

Erst wenn wir Sex wirklich kreativ begreifen, als etwas, das wir gemeinsam schaffen, öffnen wir den Raum, um auf unsere sexuellen Impulse zu lauschen und unsere Wünsche einzubringen.

In Bettinas Familie wurden Zärtlichkeit und Körperkontakt nicht gelebt. Sie fühlt sich in der Sexualität unsicher, ja verklemmt. In Anne sieht sie die erotisch erfahrene Frau, deren entwickelte Sexualität sie nicht gleichberechtigt beantworten kann. Anne dagegen macht es traurig, wenn Bettina beim Sex fragt, was sie tun soll. Sie möchte das Drehbuch ihrer gemeinsamen Sexualität nicht alleine schreiben. Sie möchte Bettinas Lust begegnen, und nicht das Gefühl haben, Bettina versuche nur, es ihr recht zu machen.

Wenn Bettina und Anne nicht mehr in deine und meine Sexualität trennen, können sie noch mal von vorne beginnen. Berühren, streicheln, nicht zum Orgasmus drängen, sich Zeit miteinander lassen, die gemeinsame Sexualität entdecken.

Bettina kann lernen, ihren eigenen sexuellen Impulsen mehr zu vertrauen, so wie sie gelernt hat, in einem Gespräch ihre Meinung zu vertreten. Und Anne kann ihre sexuellen Präferenzen im Kontakt mit Bettina neu und anders entdecken. Dann beginnen sie, ihre Sexualität zu erleben. Denn mein Sex und dein Sex ist noch kein Sex.

## WENIGER IST MEHR

»Das Webersche Gesetz, entdeckt bereits 1834.« Das Ehepaar B. schaut mich leicht entgeistert an. Schließlich sprechen wir gerade über Sexualität. »Wenn fünf Kerzen brennen, und wir zünden eine sechste an, dann nehmen wir diesen Unterschied wahr. Brennen aber fünfzig Kerzen und wir fügen noch eine hinzu, können wir den Unterschied nicht wahrnehmen.« Das Ehepaar guckt mich immer noch fragend an. Ihre Sexualität ist in der Krise. Frau B. hat das Gefühl, von den sexuellen Bedürfnissen ihres Mannes überrannt zu werden. Sie habe ja durchaus Lust und versuche, auf sein sexuelles Drängen zu reagieren. Aber wenn sie sich unter Druck fühle, dann gehe gar nichts mehr. Herr B. ist irritiert. Er mache keinen Druck. Er versuche es nur immer wieder, denn von ihr komme ja keine Initiative. »Könnte das nicht eine Anregung dafür sein, wie Sie wieder zu ihrer Sexualität finden können?«, frage ich. »Im Sinne von: Weniger ist mehr?«

Ekstase ist nur eine Seite der Sexualität. Aber für uns ist es die Wichtigste. Denn zwischen Autobahnstau und Kundenfreundlichkeit führen wir zumeist ein wenig ekstatisches, dafür hoch kontrolliertes Leben. In den meisten Filmen bedeutet Sex, dass zwei Menschen wie halb verhungerte Raubtiere in Hochgeschwindigkeit übereinander herfallen. Doch wenn sich die Sexualität eines Paares festgefahren hat, helfen solche Bilder wilder Leidenschaft nicht. Sie sind im Gegenteil eher hinderlich. Denn das Erleben der Partner ist getrennt, und sie müssen sich erst wieder einander annähern.

Hinter sexuellen Krisen verbergen sich beängstigende Gefühle. Um sie nicht fühlen zu müssen, weichen wir aus und fixieren uns auf unsere unerfüllten sexuellen Bedürfnisse. Der Versuch, sexuell Gas zu geben und die Leidenschaft zu erzwingen, führt deshalb eher zu Verunsicherung und Frustration, und nicht zu Lust. Wir glauben, triebhaft zu sein, aber tatsächlich vermeiden wir nur, zu erleben. Um im Bild zu bleiben: Wir versuchen, wieder fünfzig Kerzen anzuzünden, statt wahrzunehmen, wenn eine weitere an- oder ausgeht.

Doch darum geht es: uns wieder genauer wahrzunehmen, um in die Begegnung zu gelangen. Unsere Sinne zu öffnen und darüber wieder in den Tanz unserer Körper zu finden. Je langsamer wir sind, umso mehr können wir wahrnehmen. Je zarter wir sind, umso feiner können wir unsere Empfindungen differenzieren. Je weniger wir handeln, umso leichter fällt es uns, bewusst und achtsam zu sein und unser Erleben zu vertiefen. Und je klarer wir dabei unsere Gefühlsbarrieren erfahren, umso besser können wir sie auflösen. Indem wir ehrlich teilen, was uns gerade hemmt und hindert. Wie das Ehepaar B., das entdeckte, wie sehr seine Ängste, nicht ausreichend für den anderen zu sein, sein sexuelles Verhalten bestimmte und stoppte.

Über die im wahrsten Wortsinn tastende Begegnung kann die emotionale und körperliche Vertrautheit wiedergewonnen werden. Und aus ihr kann wieder Leidenschaft entstehen. Um in der

Sexualität wieder miteinander in Kontakt zu kommen, aber nicht nur dort, ist weniger eine ganze Menge mehr.

## DAS BESTE KOMMT NICHT ZUM SCHLUSS

Sex? Fehlanzeige. Silke und Tobi lieben sich. Aber Sex findet zurzeit nicht statt. »Ich mache nichts mehr!«, sagt Silke und verschränkt die Arme. »Wenn ich mir echt Mühe geben würde, dann hätten wir vielleicht noch mal Sex. Aber ich habe es Tobi auch gesagt: So habe ich keinen Bock mehr.« »So?«, frage ich und wende mich an Tobi: »Weißt du, was Silke mit ›so‹ meint?« Tobi blinzelt verunsichert. »Ja, äh, sie meint wohl, dass sie mehr Vorspiel oder so will. Aber ich habe nun mal Lust, in ihr zu sein.« Silke schüttelt den Kopf. »Finde ich auch toll«, sagt sie. »Aber ich habe immer das Gefühl, als wenn du dich irgendwie beeilen würdest. Wie'n Intercity, der pünktlich ankommen muss. Und den man nicht stoppen kann.« Sie grinsen jetzt beide. Es fühlt sich an, als könnten sie klären, was ihren Sex belastet.

Die Biologen rätseln immer noch, warum wir überhaupt einen Orgasmus haben. Weil dabei genau die Hormone ausgeschüttet werden, die uns aneinander binden? Weil der Samen durch Muskelkontraktionen dahin befördert wird, wo er sich mit der Eizelle verbinden kann? Weil ... Wir werden weiter rätseln. Fakt ist: Wir haben Orgasmen. Und ein guter Orgasmus ist ein herrlicher Augenblick des Loslassens, des Sich-Hingebens, der überwältigenden Ekstase, die wir auf anderem Wege nur ungleich schwerer und seltener erreichen können.

Aber auf dem Weg zum Orgasmus kann es ein Problem mit dem Orgasmus geben. Nämlich dann, wenn der Orgasmus zum Ziel der Sexualität wird. Nicht nur, dass dann paradoxerweise das Ziel des Sex ist, vorüber zu sein, weil die männliche Lust schlagartig in sich zusammenfällt. Sondern weil Sex überhaupt ein Ziel bekommt.

Wir verspüren natürlich beim Sex ein Drängen, unsere Lust und Erregung zu steigern. Doch das bedeutet ja nicht, dass es beim Sex darum geht, so schnell wie möglich oder auch überhaupt über die Ziellinie zu rauschen. Tobi ist dabei, wie sich herausstellt, gar nicht auf seinen eigenen Orgasmus fixiert. Sondern als guter Partner auf Silkes Befriedigung. Ihn beherrscht eine sehr dominante und einschränkende Vorstellung: Wir kommen zusammen, um zusammen zu kommen. Wenn er Silke einen schönen Höhepunkt verschafft, dann fühlt er sich als Mann bestätigt und sicher in ihrer Beziehung. Dagegen ist nichts einzuwenden, außer wenn das zur einzigen sexuellen Dramaturgie wird. Dagegen wehrt sich Silke.

Die Paarsexualität, so sagen es Untersuchungen, hat sich eher zum seltener stattfindenden und dafür ausgiebigeren Fest hin entwickelt, und weg von der häufigen, schnellen Nummer. Doch wenn die Ausrichtung auf den Orgasmus bestehen bleibt, bleibt der Sex trotz multipler Orgasmen oder und gesteigerter Erregung auf dem Weg zum Orgasmus eingeschränkt. Und was eine offene Erkundungsreise in gemeinsames Erleben werden könnte, wird doch zum ausgiebigen Discountershopping reduziert. Wir wissen, wo was steht, packen es in den Einkaufskorb und rücken zur Kasse vor. Klingeling, Orgasmus.

Eine absichtslose, ziellose körperliche Begegnung kann viel aufregender sein. Sex ohne Orgasmus eine neue Erfahrung. Erfolgs-, leistungs- und zielorientiert, wie wir leben, ist es eine Herausforderung an uns, uns ziellos treiben zu lassen. Sex ist dafür die beste Gelegenheit. Unser Sex wird erfüllender, wenn wir die Idee aufgeben, dass beim Sex das Beste zum Schluss kommt.

## VERLANGEN KANN MAN NICHT VERLANGEN, ABER WECKEN

Herr M. hat häufig Lust auf Sex. Seine Frau dagegen erscheint ihm längst nicht so interessiert an körperlichen Freuden. Er nimmt sie häufig in den Arm, küsst ihren Hals, streichelt sie, aber daraus entwickelt sich selten Sex. Das schmerzt ihn. Ihr geringes sexuelles Interesse an ihm verunsichert ihn zudem. Denn erst im Sex fühlt er sich ihr wirklich nahe. Wenn er seine Frau erregen und befriedigen kann, fühlt er sich gut. Er hat das Gefühl, er kann etwas geben, und sie nimmt es ohne Einschränkung an. Im Sex verschwinden seine Zweifel, seiner Frau nicht zu genügen. Jetzt guckt er traurig und sagt: »Aber ich weiß ja, ich kann es nicht von ihr verlangen.« Als ich nachfrage, was genau er damit meine, setzt er hinzu: »Es ist ja mein Bedürfnis. Sie hat ja andere Bedürfnisse, ich kann es ihr ja nicht aufzwingen.«

Herr M. fühlt ein Dilemma. Seine Wünsche und die seiner Frau sind nicht identisch. Wenn es nach seinen Wünschen geht, erfüllen sich ihre nicht. Wenn es nach ihren Wünschen geht, dann erfüllen sich seine nicht. Wenn er auf seine Bedürfnisse pocht, dann verlangt er etwas von ihr, dass sie nicht geben will, ja, das er nicht einmal verlangen will. Er kann ihr Verlangen nicht verlangen. Also gibt er auf und ist verzweifelt.

In Herrn M.s Familie wurde mit Kindern nicht verhandelt. Es gab die Erwachsenen, die bestimmten, und die Kinder, die sich anzupassen hatten. Es gab immer nur Bestimmer und Fremdbestimmte. Du oder ich. Daraus entsteht eine einfache Logik. Wenn einer viel und der andere wenig Sex will, dann treffen zwei unvereinbare Wünsche aufeinander. Doch in der realen Welt emotionaler Beziehungen beeinflussen Bedürfnisse einander. In der Psycho-Logik schließen Gegensätze einander nicht aus, sondern können sich als Sowohl-als-auch vereinen. Schritte aufeinander zuzugehen, bedeutet nicht, Druck auszuüben, sondern es entstehen darüber Verbindungen, die unser Fühlen und Handeln beeinflussen.

Frau M. ist ohnehin irritiert. Sie hatte keine Ahnung, dass die Liebkosungen ihres Mannes sie zum Sex verführen sollten. Sie nahm es als willkommene Liebkosungen und genoss die Nähe.

Es ist richtig. Wir können nicht verlangen, dass unser Partner unsere Bedürfnisse erfüllt und sich dabei aufgibt. Wir können nicht fordern, dass unser Lieblingsliebster Lust auf uns hat. Aber niemand gibt sich auf, wenn wir in Resonanz miteinander gehen. Ob wir gemeinsam singen, ein Boot rudern, tanzen, uns lieben oder unsere Gefühle miteinander teilen. Wir können sein Verlangen wecken und ihn erreichen, wenn wir ihm mit unserem Verlangen begegnen.

In der Sexualität nennen wir es Verführung. Wer seinen inneren Casanova so schnell aufgibt wie Herr M., der schützt sich nicht nur davor, abgelehnt zu werden, ihm fehlt auch das Gefühl dafür, dass wir keine Inseln sind, sondern uns beeinflussen. Als moderner Verführer könnte er ja auch seine erfolglosen Versuche ansprechen und in ein produktives Gespräch darüber kommen, ob etwas dem Verlangen seiner Frau im Wege steht. Verlangen kann man nicht verlangen. Aber das ist kein Grund zu resignieren. Denn wir können lernen, wie wir das Verlangen unseres Partners wecken können.

## TABU IST TABU

Herr K. liebt es, Stoff zu fühlen. Den Saum eines Rockes zwischen den Fingern zu reiben – er kann sich kaum etwas Erotischeres vorstellen. Am liebsten hat er es, wenn seine Frau beim Sex einen Rock und Kniestrümpfe trägt. Er kann sich nichts Schöneres vorstellen. Seine Frau dagegen kann es sich gar nicht vorstellen, einfach deshalb, weil er ihr nie etwas über seine Wünsche erzählt hat. »Gibt es einen Grund, weshalb Sie ihr nichts über ihre Wünsche sagen?« Herr K. zögert. »Unser Sex ist ja auch so schön. Ich ... also ich weiß nicht, wie sie es ... ich kann das nicht. Das geht nicht, sie würde es nicht verstehen.« Herr K. fühlt sich seiner Frau nah. Aber so nah, dass er auch diesen Teil von sich zeigen könnte, so nah fühlt er sich nicht.

In unserer sexuellen Beziehung treffen Wünsche auf Wünsche und Bedürfnisse auf Bedürfnisse. Am leichtesten ist es, wenn die gleichen Wünsche aufeinandertreffen. Wenn beide Oralverkehr lieben und sich lustvoll in die Neunundsechzig begeben können.
Meistens existiert ein erotischer Spielraum, in dem wir unsere sexuellen Vorlieben an unseren Partner herantragen können und er bereit ist, zu experimentieren und sich darauf einzulassen. In dem wir uns trauen, unseren Impulsen zu folgen. Und fester zubeißen, als wir es zuvor je gewagt haben. Und dann gibt es die

verbotenen Zonen. Die Tabus. Die Wünsche, für die wir uns schämen, die wir uns, wie Herr K., versagen. Die Impulse, die wir nicht zeigen.

In einer liebevollen Sexualität werden wir auf unseren Partner achten und ihm kein Unbehagen bereiten wollen. Doch wenn wir die gegenseitigen erotischen Bedürfnisse nicht deutlicher klären, entstehen Tabus. Wir denken dann, der Partner mag keinen Sex unter der Dusche und geben unseren Wunsch danach auf. Unsere sexuelle Begegnung wird dadurch eingeschränkt, unfreier und in vielen Fällen unbefriedigender. In jedem Fall unbefriedigender, als sie sein könnte. Was in der Sexualität tabuisiert ist, schiebt sich zwischen uns. Wir gehen mit dem Zensor im Kopf in eine Situation, die davon lebt, dass wir uns möglichst ungehemmt hingeben.

Dass Tabus in der Sexualität tabu sind, bedeutet aber nicht, dass jeder alles mitmachen muss. Es bedeutet nicht, dass ich meine Grenzen nicht ziehen darf und Spielarten der Sexualität, die mir Unlust oder gar Schmerzen bereiten, mitmachen muss. Im Gegenteil. Klar geäußerte Grenzen und Gefühle sind keine Tabus, sondern Offenheit. Und Offenheit ist die Voraussetzung für jede Intimität. Es geht darum, keine unklaren Tabuzonen entstehen zu lassen. Und das Tabu aufzulösen, Sex nicht offen anzusprechen und auszuhandeln.

Hinter manchen sexuellen Hemmungen stehen Ängste oder Traumatisierungen. Auch für sie gilt, dass wir sie nicht durch ein Tabu vor dem anderen schützen sollten. Sondern dass wir unsere Irritation und Verwirrungen über erschreckende Gefühle äußern. Und unserem Herzensmenschen sagen, dass wir uns damit unsicher fühlen.

Wenn wir Sexualität als eine intime Reise zu zweit ansehen, dann sind Tabus tatsächlich tabu.

## BERÜHREN BERÜHRT

Das Ehepaar G. findet keinen Anfang. Nicht, dass sie nicht sofort beginnen, ihr Problem zu schildern. Nein, sie finden keinen Anfang, um sich besser miteinander zu fühlen. Irgendwie habe sich die Nähe aus ihrer Beziehung geschlichen. Sie verbrächten noch immer viel Zeit gemeinsam, weil sie beide Konzerte, Yoga und Fahrradtouren liebten. Sie lebten sorglos, seien gerne miteinander, aber so richtig nah fühlten sie sich nicht mehr. Jeder sei irgendwie so mehr für sich. »Sexualität? Wie steht es um Ihre Sexualität?« »Selten«, sagt er. »Gar nicht!«, sagt sie und outet sich gleich mal als die größere Realistin.

Sie erzählen mir die Entwicklung und den Stand ihrer Beziehung, und am Ende der Sitzung fordere ich sie zu einer einfachen Übung auf. Sich hinzustellen und sich in den Arm zu nehmen. Sich anlehnen, ohne den eigenen Stand zu verlieren und sich dann für einige Zeit, zwei, drei Minuten oder, wenn sie möchten auch länger, schweigend zu spüren. In den eigenen Körper hinein- und zum Körper des Partners hinzufühlen, einander wortlos und still halten und das ganze Bewusstsein immer wieder achtsam auf dieses körperliche Erleben lenken, darum geht es bei dieser Übung.

»Für die nächsten zwei Wochen bitte zweimal täglich. An den geraden Tagen ist Herr G. für die Einnahme der Medizin verantwortlich, an den ungeraden Frau G. Können sie sich das vorstellen?« Sie nicken. »Vorstellen schon …«, sagt Frau G.

Es ist eine triviale Beobachtung, aber das macht sie nicht weniger wertvoll: Die Menschen, die uns wichtig sind, sind die Menschen, die wir berühren. Kinder ohnehin, unsere Liebespartner, unsere guten Freunde, unsere Eltern, falls nicht ungeklärte Konflikte oder Berührungsängste es verhindern. Entferntere Freunde bekommen wenigstens noch ein paar ritualisierte Sympathieklopfer auf den Rücken oder zwei gehauchte Küsse links und rechts.

Im Umgang mit Kindern wissen wir intuitiv, dass eine gehaltene Hand oder ein In-den-Arm-genommen-werden so viel beruhigender wirken als Worte. Die Hände Frischverliebter sind ständig am Körper des anderen, als fließe die Beziehung ständig durch sie hindurch. Wir brauchen Berührung. Aber nicht nur sexuelle. Die ist in Krisenzeiten oft schwierig, fast bedrohlich, weil sie fordert. Aber eine bewusste, einfühlsame Berührung ist die intensivste Art, uns geschätzt und wahrgenommen zu fühlen. Wenn wir berührt werden, dann berührt das nicht nur unsere Haut, es berührt unsere Seele.

Es ist kein Zufall, dass wir für körperliche wie für psychische Berührungen den gleiche Wortstamm verwenden. Dem Ehepaar G. half die kleine Übung, mutiger miteinander zu sein, nicht so vorsichtig-distanziert miteinander umzugehen. Und Sex? Ja, wurde auch wieder möglich. Aber sie bemerkten auch, dass sie das Wunder der Berührung bewusst wachhalten mussten, um ihre Nähe nicht wieder zu verlieren.

Untersuchungen zeigen, dass eine Nackenmassage durch den Partner schneller den Stress abbaut als ein ausführliches Gespräch. Und dass sich glückliche Paare schlichtweg viel öfter berühren als unglückliche. Ach, wir wissen das doch alles. Wir haben es im wortwörtlichen Sinn in der Hand. Nur wir nutzen es nicht. Berühren berührt.

# IX

# VERLETZLICHKEIT –
# DAS GEHEIMNIS GUTER BEZIEHUNGEN

Verletzlichkeit ist eine Voraussetzung eines erfüllten Lebens. Und das Herz, der Kern naher Beziehungen. Unter Verletzlichkeit verstehe ich unsere Bereitschaft, uns zu öffnen. Uns unverstellt zu zeigen, also das Risiko einzugehen, sehen zu lassen, was wir wirklich fühlen.

Wir können uns vor Verletzlichkeit schützen, wir können sie verbergen. Wir müssen nicht zeigen, was und dass überhaupt etwas in uns vorgeht. Doch um Intimität mit unserem Partner erleben zu können, ist die Voraussetzung, uns verletzlich zu machen. Und das Risiko einzugehen, tatsächlich verletzt zu werden.

Die Sozialforscherin Brené Brown stellte mit ihren Forschungen fest, dass, »wer sich als liebenswert empfindet, liebt und ein Gefühl der Zugehörigkeit empfindet, einfach glaubt, dass er Liebe und Zugehörigkeit verdient.« Es stellte sich heraus, dass diejenigen, die von sich glaubten, dass andere sie einfach dafür lieben können, wer sie sind, noch eine weitere Überzeugung hatten. Sie betrachteten es als eine ihrer wichtigsten persönlichen Fähigkeiten, verletzlich sein zu können. Die eigene Unvollkommenheit nicht schamhaft verbergen zu müssen, empfinden Menschen, die befriedigende Beziehungen leben, als entscheidend für ihr gutes, ja glückliches Leben.

Brown definierte Verletzlichkeit »als Ungewissheit, Risikobereitschaft und emotionale Exposition.«

Wer Ungewissheit nicht erträgt, kann nicht lieben. Wir können uns überhaupt nur verlieben, wenn wir Ungewissheit aushalten. Flirten ist ein einziges Spiel mit der Ungewissheit, ob unsere Gefühle erwidert werden. Und ohne uns verletzlich zu machen, können wir die Lippen nicht zum ersten Kuss öffnen. Wir können unsere Wohnung nicht aufgeben, nicht zusammenziehen, ohne uns auf das Risiko des Scheiterns einzulassen. In jeder Phase unseres Liebeslebens begleitet uns Ungewissheit und Risikobereitschaft. Verstehen wir uns auch als Eltern noch? Bleiben wir trotz Krankheit und vieler Falten ein Paar?

## VERLETZLICHKEIT LEBEN

Uns zu zeigen ist immer ein Risiko. Werden unsere Gefühle lächerlich gefunden, unsere Einfälle naiv, unsere Fähigkeiten dilettantisch? Wenn unsere innere Welt sichtbar wird, die Welt unserer Gefühle, dann macht uns das verletzlich. Unsere Innenwelt ehrlich zu zeigen, fühlt sich an, wie nackt zu sein. Wenn wir aufrichtig mit unseren Unsicherheiten und Ängsten sind, dann können uns die anderen bewerten, und wir in ihren Augen als mangelhaft, widersprüchlich oder unreif erscheinen. Wir können beschämt, abgelehnt oder entwertet werden. Wir liefern uns aus, wir geben die Kontrolle ab. Mit unserem Lieblingsmenschen ist das zwiespältig. Einerseits trauen wir ihm am meisten zu, dass er auch unsere Schattenseiten annehmen wird. Andererseits fürchten wir bei keinem anderen so sehr, dass wir seine Zuwendung verlieren könnten.

Verletzlichkeit bedeutet, unserem Liebsten unsere Eifersucht auf seine neue Kollegin zu zeigen. Und sie nicht schamvoll zu schlucken oder wütend zu bekämpfen, weil wir fürchten, dabei lächerlich zu erscheinen. Es bedeutet, nicht über seine uncharmante Bemerkung über unseren Po hinwegzugehen. Unsere Selbstzweifel über unsere Attraktivität nicht in uns wegzuschließen und uns cool zu geben, sondern zu zeigen, dass uns sein Spruch verunsichert hat.

Verletzlichkeit und Nähe sind untrennbar miteinander verbunden. In den Situationen, in denen wir uns wirklich nah sind, wagen wir uns über Grenzen. Wir lassen unser Herz sprechen. In Augenblicken großer Nähe sind wir unverstellt und authentisch. Und haben das Gefühl, gleichzeitig bei uns und bei unserem Partner anzukommen. Wir sind umso verletzlicher, je näher wir den anderen an uns heranlassen. Und je näher wir den anderen an uns heranlassen, umso mehr Nähe erfahren wir. Nah können wir einander nur kommen, wenn wir unsere Alltagsrüstung ablegen. Wer liebt, ist verletzlich. Wer sich nicht mehr verletzlich macht, verliert die Liebe.

In Konflikten stehen wir jedes Mal wieder vor der Wahl, die Distanz bestehen zu lassen oder uns wieder verletzlich zu machen, um die Nähe wiederherzustellen. Strecken wir die Hand nach dem anderen aus und riskieren es, dass er sie ignoriert und uns das wehtun wird? Sprechen wir ihn an und riskieren, seine Wut auf uns zu ziehen? Sind wir bereit, ihm zu zeigen, dass wir ihn vermissen und zu riskieren, dass er uns für unsere Abhängigkeit verachtet?

In Paartherapien erlebe ich die Momente, in dem sich das Paar wieder verletzlich voreinander zeigt, fast immer als die entscheidenden Schritte, um wieder zueinanderzufinden. Meist besteht ja große Ambivalenz in unseren Partnerschaften. Wir sind gleichzeitig voller Sehnsucht und voller Wut und Resignation. Doch wie viel wir einander bedeuten, behalten wir für uns. Wir wollen es selbst gar nicht fühlen. So verletzlich wollen wir uns nicht fühlen. Und erst recht wollen wir nicht, dass es unser Partner mitbekommt. Erst wenn wir uns vom anderen verstanden fühlen und ihm wieder wohlwollender begegnen, weil auch wir sehen, dass er nur versucht, sein Bestes zu geben, beruhigen wir uns. Dann können wir wieder zeigen, was uns schmerzt und über unsere Beziehungsängste sprechen.

### DIE KOMFORTZONE VERLASSEN

Wir können den Schritt in die Unsicherheit nur gehen, wenn wir jedes Mal über uns hinauswachsen und unsere innere Grenze überschreiten, an der uns Ängstlichkeit und Schamgefühle stoppen wollen. Wenn wir uns verletzlich machen, überwinden wir uns und verlassen die sichere Komfortzone unserer Beziehung. In der Komfortzone bewegen wir uns auf einem sicheren Boden, der aus Smalltalk, Nettigkeiten, organisatorischem Kram, der gemeinsam geschauten Tagesschau und unserem Alltagslächeln gestampft ist. Wir wissen welche Facebook-Einträge uns beide amüsieren, welche politischen Themen leicht zu Verstimmungen führen. Wir erkennen die Signale, die verraten, dass unser Lieblingsliebster Kurs auf Sex nimmt. In der Komfortzone tanzen wir gelernte, sichere Tanzschritte. Wir gleiten entspannt dahin, es geht uns gut in der Komfortzone. Sie ist ein sicherer Ort. Und es ist beruhigend und wichtig, diesen Ort zu haben.

Doch die Komfortzone engt uns gleichzeitig auch ein, ja sie bleibt uns sogar nur dann erhalten, wenn wir immer wieder das

Risiko eingehen, sie zu verlassen. Unsere Partnerschaft lebt davon, dass wir unsere Gefühle, unsere Bedürfnisse, Fantasien und Gedanken äußern. Aus der Komfortzone zu treten, bedeutet zum Beispiel, ihn auch dann zu verführen, wenn völlig unsicher ist, ob er uns nicht abblitzen lässt. Und falls unsere Annäherungsversuche tatsächlich abgewiesen werden, ist das nicht das Ende unserer Verletzlichkeit. Natürlich können wir uns gekränkt wieder in unsere jetzt nicht mehr ganz so komfortable Komfortzone zurückziehen und schweigend auf unserem iPad herumtippen. Wir können unserem Partner aber auch erzählen, was gerade in uns vorgegangen ist. Dass wir Nähe fühlen wollten und uns jetzt abgewiesen fühlen. Und uns jetzt fragen, ob er vielleicht noch sauer auf uns ist, weil wir gestern mit dem Kellner geflirtet haben.

Je unsicherer sich unsere Beziehung anfühlt, umso schwerer fällt es, uns offen und verletzbar zu zeigen. Wir fühlen uns ohnehin unverstanden. Und jetzt sollen wir auch noch offen auf den anderen zugehen und dabei das Risiko eingehen, gleich die nächste schmerzhafte Abfuhr zu erleben? Wir sollen uns ernsthaft auf das gerade jetzt sehr dünne Eis der Beziehung begeben, das sich ohnehin schon so anfühlt, als könnten wir jeden Augenblick einbrechen? Unsere Verletzlichkeit fühlt sich jetzt wie eine bedrohliche Schwäche an. Wir schieben sie lieber noch weiter von uns weg und schweigen.

Dass Paare häufiger miteinander sprechen sollen, ist mittlerweile so ein Allgemeinplatz, dass uns dieser Rat im wahrsten Sinne des Wortes schon wieder zu den Ohren herauskommt. Natürlich ist es kein dummer Ratschlag.

Besonders wenn wir verstanden haben, dass mit »Beziehungsgesprächen« gemeint ist, sich verletzlich zu zeigen. Der Weg aus

einem schlechten Gefühlszustand heraus führt in den Gefühlszustand hinein. Unsere Gefühle zu erlauben und sie dann zu teilen bewegt unsere Beziehung.

Andererseits befällt uns manchmal das Gefühl, man könnte alles zerreden. Ein Argument, das natürlich am vehementesten die
vorschieben, die Angst haben, im Gespräch auf unangenehme Einsichten und Gefühle zu stoßen. Die, die lieber nicht mit ihren Wi-
dersprüchen ertappt werden wollen und die im Grunde voller
Scham über ihre vermeintlichen Schwächen sind. Wir bekommen
das Gefühl des »Zerredens«, wenn unser Dialog immer wieder
um das Gleiche kreist und nicht von der Stelle kommt. Ein Zeichen, dass niemand den Schritt in die Verletzlichkeit wagt, sondern wir beide in unseren Komfortzonen verharren. Wir tauschen
nur altbekannte Argumente aus und versuchen unbewusst, den
anderen zu überzeugen, sich verletzlich zu zeigen. Können wir
uns entscheiden, selbst voranzugehen? Innezuhalten und noch
einmal tiefer in uns selbst hineinzuschauen? Was sagen unsere inneren Stimmen? Was sprechen wir aus, und was behalten wir für
uns? Welche inneren Diskussionen führen wir mit uns selbst, und
was davon lassen wir unseren Partner wirklich wissen? Wenn wir
zu uns selbst oder zum Partner sagen, »wir müssten mal wieder reden«, dann meinen wir, dass es an der Zeit ist, uns wieder verletzlich und authentisch zu begegnen. Unser uneinsehbares Innenleben muss dringend wieder einmal einen Tag der offenen Tür
veranstalten.

Verletzlichkeit kann ein positiver, sich selbst verstärkender
Kreislauf in einer Beziehung werden. Dann kommen wir dem
näher, was wir im Grunde in unseren Liebesbeziehungen suchen.
Einen Ort, an dem wir uns trotz Unvollkommenheit geliebt fühlen. Doch damit wir dorthin gelangen, müssen wir unsere »Ma-

cken« zeigen. Was uns dabei helfen kann, ist, zu wissen, dass es berührt, Verletzlichkeit im anderen zu erleben. Es stimmt uns weicher. Nur sehr wenig einfühlsame Menschen reagieren auf die Unsicherheit anderer mit Härte oder Spott. Wenn sich ein Partner verletzlich zeigt und der andere reagiert darauf mit Offenheit, dann fühlt sich diese Begegnung wie die Macht der Liebe an.

»Verletzlichkeit ist das Letzte, was ich dem anderen zeigen will, aber das Erste, wonach ich im anderen Ausschau halte«, schreibt Brené Brown. Gerade wenn dicke Luft in der Beziehung herrscht, halten wir Ausschau, ob wir Anzeichen von Weichheit und Zuwendung im andern entdecken können. Ob wir eine Chance haben, falls wir bei ihm anklopfen. Mut zur Verletzlichkeit bedeutet, nicht zu warten, sondern den ersten Schritt zu wagen. Allerdings nicht immer und nicht um jeden Preis. Solange der Partner angespannt auf sein Smartphone stiert, jedem Blickkontakt ausweicht oder wutschnaubend Wäsche in die Maschine feuert, tun wir uns keinen Gefallen, uns verletzlich zu machen. Es ist auch ein Teil unserer Verletzlichkeit, sie zu beschützen. Das Verletzbare in uns ist viel zu wertvoll, um darauf herumtrampeln zu lassen. Aber vielleicht haben wir ja den Mut, wenigstens das zu äußern. »Ich würde gerne mit dir sprechen, aber ich bin unsicher, ob du jetzt überhaupt bereit dazu bist.«

Gefühle zu unterdrücken, so weiß man aus der Forschung, führt zu Stress. Und lässt Beziehungen scheitern. Eine Trennung lässt sich nicht anhand der Zunahme von negativen Interaktionen eines Paares vorhersagen, sondern anhand der Abnahme von emotionalen Reaktionen und positiven Gefühlsäußerungen untereinander, so die Forschungen von Ted Huston an der University of Austin. Streiten ist weniger problematisch als fehlende emotionale Interaktion, vor allem fehlende liebevolle Zuwendung. Wenn wir negative Gefühle unterdrücken, dann verschließen wir uns gleichzeitig für liebevolle Gefühle. So als würden wir unseren Gefühlskanal für dunkle Lastkähne sperren, dadurch aber auch allen weißen Segelbooten und bunten Ausflugsdampfern die Durchfahrt verwehren.

## SCHAM

Scham ist ein Affekt der Zugehörigkeit. Unser Schamgefühl warnt uns davor, etwas zu tun, dass die anderen dazu bringen könnte, uns auszuschließen. Unbewusst reagiert unsere Psyche so, als würden wir ständig vor unserer Gruppe von Artgenossen stehen, ohne die wir nicht überleben könnten. Sie schützt uns davor, unseren Platz in der Gruppe zu verlieren. »Das dürfen die anderen nicht von dir sehen!«, flüstert uns die Scham ein. Und wir halten unsere Innenwelt verborgen, und uns für schlecht. In der kleinsten aller Gruppen, in unserer Liebesbeziehung, fürchten wir im Grunde immer, als nicht mehr liebenswert erlebt zu werden, und die Zuwendung und Liebe unseres Partners zu verlieren, wenn wir uns ungeschminkt zeigen. Wenn wir es so verstehen, dann ist Scham in unserer Paarbeziehung stets ein Signal, dass wir etwas nicht länger verbergen sollten. Dass unsere Verbindung durch mangelnde Offenheit und Angst eingeschränkt ist und dass wir wachsen wollen. Geht es nicht darum in der Liebe? Sich nicht verbergen zu müssen. »Vielleicht geht es in der Liebe nur darum, die Person zu finden, mit der man sein abgedrehtestes Selbst ausleben kann«, schreibt Matt Haig. Doch statt endlos nach dieser Person zu suchen, können wir auch unseren Liebespartner zu dieser Person machen, indem wir ihm immer wieder von uns zeigen, was uns abgedreht und peinlich vorkommt.

Sein Innenleben vor dem Partner bloßzulegen, die eigene Abhängigkeit vom Urteil des Partners auszuhalten, ist zugleich immer ein Schritt zu mehr Selbstbewusstsein und Autonomie, zu Unabhängigkeit innerhalb der Beziehung. Angenommen, unser Liebster hat uns nicht zur Einweihung der neuen Räume seiner Agentur mitgenommen, bei der er angestellt ist. Das Gefühl, das wir deshalb haben, finden wir kleinlich. Aber dadurch löst sich der Knoten in unserem Bauch nicht auf. Wir fühlen uns ausgeschlossen und vermissen, dazuzugehören. Wir denken uns schon, dass er wohl dachte, wir würden uns dort langweilen oder dass wir der ganzen Veranstaltung keine große Bedeutung beimessen würden, aber der Knoten bleibt. Wollte er doch aus irgendeinem Grund lieber ungestört und ohne uns dort sein? Unser Gehirn rattert, wir verhandeln mit uns selbst und versuchen vergeblich, nicht daran zu denken. Wie viel Überwindung würde es uns kosten, uns mit diesem Kuddelmuddel an Gefühlen zu outen? Vermutlich würden wir uns dabei wie nackt fühlen, ausgeliefert. Falls es uns generell sehr schwerfällt, uns schwach zu zeigen, dann kann eine Selbstoffenbarung sich anfühlen, als würde sich der Boden unter uns auftun. Natürlich wird er sich nicht auftun. Stattdessen verändern wir uns, wenn wir unsere Scham überwinden. Denn unser emotionales Erleben ist in solchen Augenblicken intensiv, die neuronale Aktivierung in unserem Gehirn hoch. In so einem Erregungszustand sind unsere neuronalen Verschaltungen veränderbar. Wir machen, was die Psychologie eine »emotional korrigierende Erfahrung« nennt. Selbst dann, wenn das Schlimmste geschieht und unser Partner uns tatsächlich lieber nicht dabeihaben wollte. Das können wir dann klären. Doch den Teil unserer Angst, der uns gefangen hielt, unsere Scham, den haben wir überwunden, selbst wenn sich unsere Befürchtungen bestätigen.

Der Schritt in die Verletzlichkeit verläuft stets durch das Hindernis, das uns dabei im Weg steht. Unsere Scham ist das Hindernis. Wir versuchen vielleicht, unsere Schamgefühle zu überspringen oder sie gewaltsam zu ignorieren. Aber der sinnvollere Weg führt in diese Gefühle hinein. Da Scham eine Pflanze ist, die nur im Verborgenen blüht, lösen wir sie auf, wenn wir Licht auf sie fallen lassen und über sie sprechen. Es macht es uns leichter, wenn wir nicht verschweigen, dass es uns schwerfällt, zu sprechen und wir uns dafür schämen, welche Gedanken und Gefühle wir haben.

### DIE GESCHICHTE, DIE ICH MIR GERADE ERZÄHLE

Brené Brown hat eine hilfreiche Formulierung dafür gefunden, unseren inneren Prozess bei der Selbstöffnung zu beschreiben. Sie lautet: »Die Geschichte, die ich mir gerade erzähle.« »Die Geschichte, die ich mir gerade erzähle, ist, dass ich besser nichts sagen sollte, weil ich fürchte, dass ich doch nicht richtig verstehe, um was es dir geht. Ich möchte nicht als dumm vor dir dastehen. Das befürchte ich umso mehr, wenn ich daran denke, wie abwertend ich dich über unsere Nachbarin und ihre Dummheit habe sprechen hören, und weil alle in deiner Familie einen Doktortitel haben. Ich fürchte immer, deine Wertschätzung zu verlieren, weil du mich dumm findest. Und deshalb sage ich mir, ich sollte lieber still sein. Aber dann sage ich mir auch, dass du mir auch mein Verstummen als Dummheit auslegen könntest. Und fühle mich richtig in der Falle. Und ende ganz verzweifelt, denn dann endet meine Geschichte damit, dass ich das Gefühl bekomme, ich kann für dich intellektuell nie ausreichend sein, und du wirst mich letztlich irgendwann deshalb verlassen müssen. Und es gehört auch noch dazu, dass ich dann denke, dass ich immer schlecht in der Schule war, und dass das wohl doch beweist, dass meine Angst nicht unbegründet ist.«

Wenn wir mitteilen, »welche Geschichte ich mir gerade erzähle«, dann klagen wir nicht an, wir lassen den anderen aus dem Spiel und machen deutlich, dass alles unsere Gefühle und Gedanken sind. Das macht es unserem Partner leichter, zuzuhören. Er gerät nicht unter Druck, er muss sich nicht rechtfertigen. Ich sage auf diese Weise: »Hier ist etwas, das in mir vorgeht und das ich gerne mit dir teilen möchte, weil ich glaube, dass ich mich sonst vielleicht verschließe. Und es steht zwischen uns, wenn ich es nicht an dich herantrage.« Wenn wir die Geschichte erzählen, die wir uns selbst gerade erzählen, dann gewinnen wir darüber auch Distanz zu uns selbst. Wir blicken wie von außen auf uns, und es hilft uns, unsere Hemmungen zu überwinden.

Aber was, wenn der Partner trotz all unser Bemühungen um Nähe durch Verletzlichkeit hart und ablehnend bleibt? Dann brauchen wir vermutlich zunächst erst mal etwas Abstand, eine Pause, aber im Grunde können wir den Weg der Verletzlichkeit immer weitergehen. Wir können ihm unsere innere Reaktion auf sein Verhalten immer wieder zeigen. Doch wenn dabei ständig scheitern, wenn wir unseren Partner gar nicht mehr erreichen, dann befinden wir uns in einer neuen Situation. Unsere Beziehung ist ernsthaft infrage gestellt. Jetzt können wir nur noch die Geschichte erzählen, durch die für uns unsere Liebesbeziehung infrage steht.

Verletzlichkeit könnte für unsere Psyche werden, was Bewegung für unseren Körper geworden ist. Wir haben erkannt, dass unser Lebensstil es nötig macht, uns zu bewegen. Cardio-Training und Muskelaufbau als Reaktion auf den homo screenicus, der sich den ganzen Tag digital krumm sitzt. Beginnen wir jetzt, Verletzlichkeit als Gegenmittel zu unserer Kultur zu begreifen, die uns in Richtung Leistung, Lösungsorientierung, Selbstoptimierung, Perfektionismus und Siegermentalität drängt? Verletzlich zu leben ist ein Gegenprogramm dazu, immer unser Bestes geben zu müssen und stets top sein zu müssen.

Wir brauchen Selbstbewusstsein, um das Risiko der Verletzlichkeit einzugehen. Aber wenn wir das Risiko der Verletzlichkeit eingegangen sind, stärken wir unser Selbstbewusstsein. Die Unsicherheit, uns in die Verletzlichkeit zu wagen, ist paradoxerweise der Weg, uns mit uns selbst und in unseren Beziehungen sicherer zu fühlen. »Wir sind innerhalb einer Partnerschaft völlig abhängig von der Beziehung, die unser Partner zu sich selbst hat«, schrieb der Paartherapeut Lukas Moeller. Wer seine eigene Verletzlichkeit verleugnet, blockiert den Partner und die Liebesbeziehung. Verletzlich vor- und miteinander zu sein, ist das Abenteuer innerhalb unserer Beziehung, das es braucht, um unsere Liebe lebendig zu halten. Verletzlichkeit verbindet uns und macht uns sicherer miteinander. Der Prozess, uns zu öffnen und uns anzuvertrauen, ist immer wieder aufregend. Verletzlichkeit zu leben verhindert, dass unsere Beziehung langweilig und eingefahren wird.

Das Gesetz naher Beziehungen ist einfach. Je verletzlicher wir miteinander sind, umso mehr berühren wir einander. Und umso mehr wir einander berühren und erreichen, umso erfüllender ist unsere Begegnung und unser Leben miteinander.

## AUA STATT POWER

Sie hatte eine Affäre. »Unsinn«, sagt sie. Es sei nur ein Revival gewesen. Freundschaft mit zu viel Alkohol. Der alte Schulfreund. Die alte Vertrautheit. Eine Nacht. Und er versteht es. Er fühlt es. Aber es tut ihm trotzdem weh. Sie sprechen darüber. »Unwichtig für uns«, sagt sie. Er hebt die Hand und lässt sie wieder sinken. Und dann sagt er: »Jetzt habe ich es gerade bemerkt. Da war dieser Drang, auf dich loszugehen. Von wegen unwichtig. All die Vorbereitungen, die SMSe, das neue Kleid. Ich hätte dich wütend in die Mangel nehmen wollen.« Er ist Anwalt. Er könnte sie in eine Angeklagte verwandeln. Kein Problem. Aber er hat verstanden, dass er diesen Fall dadurch nur verlieren würde. »Aua statt Power«, sagt er. Ein Satz, den wir in den gemeinsamen Therapiegesprächen gefunden hatten. Es ist ein guter Augenblick im Therapieraum. Sie sieht ihn erleichtert an.

Als Partner verletzen wir einander. Wir können das nicht verhindern. Der Philosoph Arthur Schopenhauer hat dafür das Gleichnis der Stachelschweine gefunden. Sobald sie näher aneinanderrücken, um sich zu wärmen, verletzen sie einander mit ihren Stacheln. In der Partnerschaft macht uns die Bedeutung, die wir dem anderen geben, verletzbar. Wir vertrauen einander, machen uns von der Zuwendung des anderen emotional abhängig, sobald wir uns aneinander binden. Wenn unsere Wünsche und Bedürfnisse ignoriert werden, wenn unser Vertrauen enttäuscht wird, wenn unsere Sicherheit miteinander bedroht ist, dann schmerzt uns das. Und wenn man uns wehtut, dann werden wir wütend.

Wir streiten und schimpfen. Werden anklagend und entwertend. Das ist nachvollziehbar, das ist verständlich. Es ist unsere erste Reaktion auf Schmerz. Wir wüten, wenn uns jemand kräftig auf den Fuß tritt. Doch unser eigener Schmerz nimmt nicht ab, wenn wir jetzt auf unseren Partner losgehen und ihm auch wehtun. In der Liebe ist Angriff nicht die beste Verteidigung. Im Streit und Kampf geht die Nähe nur noch mehr verloren. Wir finden wieder zueinander, wenn wir einander unsere tieferen Gefühle zeigen. Gefühle lassen sich in primäre und sekundäre Emotionen unterscheiden. Sekundäre Emotionen sind Reaktionen auf primäre Emotion. Die Resignation, in die wir gehen, wenn wir in Wahrheit traurig sind. Die eifersüchtige Kontrolle, die wir ausüben, wenn wir in Wahrheit Angst haben. Der Ärger, hinter dem unser Schmerz verborgen bleibt.

Hätte er sich nicht gestoppt und begonnen, über seine Angst zu reden, so hätten sie sich so gezofft, wie sie es gut kennen. Sie hätte sich am Ende entwertet gefühlt und durch sein Drängen eingeengt. Und er sich allein gelassen, weil sie sich wieder in ihre sichere Hülle des Schweigens eingehüllt hätte.

Wenn wir unsere Ängste teilen und unseren Schmerz zeigen, ist das die Chance, wieder zueinanderzufinden. Wir öffnen uns leichter füreinander, wenn wir im anderen weiche, verletzliche Gefühle und Reaktionen erleben. Denn unsere Sehnsucht gilt der Nähe, die nur möglich ist, wenn wir unsere Stacheln einfahren. Deshalb (auch wenn es ein wenig kalauert): Aua statt Power.

## LIEBE IST NICHT FREI

»Ich muss jetzt einfach mal darüber sprechen. Aber eigentlich ist es ja blöd.« Marie zupft ihren Rock gerade, zieht ihre Jacke vor der Brust zusammen und sagt: »Also ich habe ein Problem mit meinem Mann. Das heißt, eigentlich hat er ein Problem. Na, vielleicht auch mehrere. Ich finde, er raucht zu viel, er isst zu viel und er kümmert sich auch sonst kaum um sich.« Sie hält inne und atmet tief ein. »Genau genommen finde ich ihn schlichtweg zu dick. Und ich hasse auch die scheußlichen blauen Ringelpullis, die er so gemütlich findet und ständig trägt. So.« »Okay«, sage ich. »Irgendwie möchten Sie ihm das sagen, aber sie haben auch Angst davor.« Marie nickt.

Marie schleppt ihre schlechten Gefühle schon eine ganze Zeit mit sich herum. Sie weiß, wie angestrengt ihr Mann ist, seitdem er gekündigt hat und jetzt vom Homeoffice aus Computer einrichtet. Aber sie findet ihn zunehmend unattraktiv. Sie will ihn nicht kränken, und sie glaubt auch kein Recht darauf zu haben, ihre Gefühle zu äußern, schließlich darf er doch selbst entscheiden, wie er rumläuft. Lieben bedeutet doch, den anderen so anzunehmen, wie er ist. Und überhaupt, sind Äußerlichkeiten nicht ohnehin völlig unwichtig?

Liebe ist ein Kind der Freiheit. Wir können weder uns selbst noch andere dazu zwingen, zu lieben. Gefühle müssen sich einstellen. Liebe muss entstehen. Doch sobald die Liebe erwachsen geworden ist, ist sie nicht mehr frei. Sie bindet uns an den, den wir lieben. Weshalb die Freiheit des einen Partners schnell zur Unfreiheit des anderen wird. Zuerst befreit uns die Liebe, dann müssen wir als Paar immer wieder unsere Liebe befreien.

Sobald wir unsere Gefühle und Wahrnehmungen ignorieren, um dem Partner seine vermeintliche Freiheit zu lassen, lassen wir uns selbst, unseren Liebsten und unsere Beziehung im Stich. Denn wie soll uns unser Partner erreichen, wenn wir uns vor uns selbst verschließen? Wir, die wir ihm am nächsten sind, ihn am intensivsten erleben, versagen ihm die ehrliche Rückmeldung. Und die Beziehung ist blockiert, weil wir unsere Gefühle zurückdrängen.

Wir sagen uns dann, dass es unser Liebster ja nicht mit Absicht macht, nicht gegen uns, dass er es nicht böse meint. Doch wenn wir Angst haben, uns an den anderen zu wenden, dann wenden wir uns gegen uns selbst. Und entwerten unser eigenes Erleben.

Marie und ihr Mann möchten ein Nest und kein Käfig füreinander sein. Ein Bild, das sie begleitet, seit sie sich kennenlernten. Es war ihre Sehnsucht, sich binden zu können, ohne einander einzuengen. Unfreiheit kannten sie allzu gut – wie die meisten Menschen. Übergriffige, dominante oder ängstliche Eltern, beschneidende moralische Haltungen, klammernde Geliebte. Doch wenn wir zusammen tanzen, sind wir nur frei, wenn wir beide aufeinander eingehen.

Marie redete schließlich mit ihrem Mann und sagte ihm gleichzeitig, wie schwer ihr das fiel. Er war betroffen. Aber die Offenheit und das Vertrauen, dass in der Offenheit liegt, wirkten stärker als die verletzten Gefühle. Sie fanden darüber ihre Nähe zueinander wieder. Wie die meisten Paare, die diesen Schritt gehen.

Niemand möchte die geliebte Person an seiner Seite angreifen, beschämen oder entwerten. Aber wenn wir unsere Gefühle verleugnen müssen, dann fühlen wir uns unfrei. Es bleibt uns dann nur der Weg, das Risiko einzugehen und schwierige Gefühle gegenüber dem Partner nicht in uns zu verschließen, sondern sie achtsam und vorsichtig zu äußern. Wir müssen unsere Liebe immer wieder freilegen, denn von sich aus ist Liebe nicht frei.

## LIEBE IST EIN GEFÜHL

Überraschung. Dirk und Regula ziehen zusammen. Nach drei Jahren »Nicht-ohne-dich-aber-auch-nicht-mit-dir-Hin-und-Her«. Dirk hatte seine eigene Wohnung nie aufgegeben, obwohl sie faktisch gemeinsam in Regulas Appartement lebten. Das Zusammenziehen war Dauerthema. »Unglaublich«, grinst Dirk jetzt. »Wir hatten Freunde zum Essen und Regula hatte in der Runde verkündet: »Dirk kennt ihr ja. Aber nicht vergessen, eigentlich wohnt er ja gar nicht hier!« Der Spruch hat mich echt sauer gemacht. Und ich hab ihr das nachher auch gesagt. Aber dann hatten wir ein saugutes Gespräch und naja ...« Ich gucke beide fragend an. Dass Regula stichelt, wenn sie unzufrieden ist, und er dann sauer reagiert, das ist nicht neu. Es ist ihr typisches Muster. »Nein«, sagt Regula, »es war etwas anders: Du hast gesagt, dass es dir wehtut, wenn ich das sage. Und das habe ich dir angesehen. Und das war gut. Mich hat das dann auch traurig gemacht. Und da waren wir uns ganz nah ...«

Kaum etwas ist uns klarer, als dass es in der Liebe um Gefühle geht. Doch sobald wir Konflikte haben und unangenehme Gefühle aufkommen, versuchen wir uns vor ihnen zu schützen. Wir wollen nicht zu verletzlich, zu schwach, zu abhängig gegenüber unserem Partner erscheinen. Wir fühlen uns nicht sicher mit dem anderen. Und genau diese Gefühle ignorieren wir und zeigen sie nicht. Häufig versuchen wir sogar gegenseitig, uns aus den Gefühlen herauszuholen. Wir machen einen Scherz, bieten Lösungen an, fordern auf, doch nicht alles so negativ zu sehen oder stellen die Gefühle des anderen als unangemessen hin. So wie wir es möglicherweise von unseren Eltern gelernt haben. Denn in vielen Familien werden Kinder nicht in ihren Gefühlen bestärkt, sondern mit einem »Ach-so-schlimm–ist-es-doch-nicht« in liebevoller, aber fehlgeleiteter Absicht aufgefordert, sie zu ignorieren.

Um mit schwierigen Gefühlen in der Liebe zurechtzukommen, müssen wir sie miteinander teilen. Gerade und besonders unsere schmerzhaften Gefühle. Das, was uns wehtut, was uns verletzt. Der Schmerz, denn wir durch Ablehnung erleben, zeigt sich in unserem Gehirn wie körperlicher Schmerz. Um ihn aufzulösen, brauchen wir den anderen, der auf unsere Gefühle eingeht. Zu teilen, wie wir über die Gefühle des anderen fühlen, das führt uns, wie Dirk und Regula, zueinander.

Sie waren diesmal nicht in ihre übliche wütende Diskussion geraten. In der sie ihm vorwirft, er benehme sich wie ein Gast und helfe nicht mit. Und er ihr vorwirft, sie behandle ihn wie einen Gast, denn sie stopfe all seine Sachen immer wieder in seinen Rucksack zurück. Im Grunde hatten sie beide das Gefühl, vom anderen nicht wirklich gewollt zu sein. Als Dirk diesen Schmerz zeigte, konnte Regula mit ihren Gefühlen antworten.

Es gibt keine schlechten Gefühle, die wir in Beziehungen aus der Welt schaffen müssen. Im Gegenteil, es geht darum, immer wieder gefühlig zu werden, Augenkontakt zu suchen, innezuhalten, spüren und aussprechen, was in uns vor sich geht.

Wir fürchten unsere unangenehmen Gefühle. Und noch mehr die Reaktion des anderen darauf. Aber es führt kein Weg um unsere Emotionen herum. Denn Liebe ist ein Gefühl.


## MUT IST, SICH ZUZUMUTEN

»Ich bin es echt leid! Am liebsten würdest du doch in deinem Bunker wohnen und den ganzen Tag Jimi Hendrix spielen. Und zu Hause bleibt alles liegen und mit Tom bin ich ja sowieso alleinerziehend!« Sinja wütet. Und Riccardo guckt zerknirscht. Aber dann argumentiert er: »Oh, ich mache meisten die Hausaufgaben mit Tom. Und du machst doch sonst auch so einen guten Job mit Tom, also, da fehle ich doch gar nicht.« »Ich kann mir gar nicht vorstellen, dass sie in der Erziehung immer zu hundert Prozent die Meinung ihrer Frau teilen«, sage ich. »Na ja, schon, also, ich wäre nicht so streng. Aber ich weiß nicht, ob das richtig ist. Und es ist ja gut so. Ich will es auch nicht komplizierter machen, als es ist. Ich verstehe ja auch nicht so viel davon.« Ich greife Riccardos Unsicherheit auf und bestärke ihn darin, dass er ja keine eindeutige Meinung haben müsse, um sich zu äußern. Dass Zweifel auch wichtig seien. Und es häufig wertvoller sei, in einer Klärung noch nicht entschieden zu sein. Riccardo denkt einen Augenblick nach. Und dann sagt er den schönen Satz: »Ich soll mich also mehr zumuten.«

Wir möchten, dass uns unser Lieblingsliebster mag. Wir wollen ihm nicht auf den Keks gehen, sondern eine Bereicherung für ihn sein. Er soll es gut mit uns haben. Und das kann ein echtes Hindernis werden. Dann, wenn es dazu führt, dass wir uns zurückhalten und nach ihm ausrichten. Wer nur versucht, es dem anderen recht zu machen, frustriert seinen Partner. Denn dem Partner fehlt dann das Gegenüber. Er kann den anderen nicht greifen, weiß nicht, woran er mit ihm ist. Das macht ihn unzufrieden und irgendwann wütend. So wie Sinja, die Riccardo kritisiert, weil er auch dann »ja, ja, ja« sage, wenn er im Grunde »nein, nein, nein« meine.

Viele Menschen sind überzeugt, schwierige Kinder gewesen zu sein. Ihre genervten und erschöpften Eltern gaben ihnen zu verstehen, dass sie schrecklich seien und ihnen das Leben schwer machten. Wenn diese Kinder als Erwachsene in einer Liebesbeziehung leben, möchten sie mit aller Macht verhindern, eine Last zu sein. Und werden es genau dadurch. Weil sie zu schnell zusagen, was sie später nicht halten können, weil sie vertreten, wovon sie nicht wirklich überzeugt sind. Weil sie sich zurücknehmen und ihre Liebsten dadurch allein lassen.

Wer sich nicht zumutet, der trägt mit sich selbst aus, was in die Beziehung gehört. Er stellt sich selbst die Fragen, die er dem Partner stellen sollte. Er nimmt sich aus der Beziehung heraus, im Wunsch, in ihr bestehen zu können. Er wird keine Entscheidungen treffen wollen, und zu selten ansprechen und klären, was anzusprechen und zu klären ist.

Weil Riccardo sich nicht zumutet, weil er sich anpasst, fühlt sich jede Beziehung für ihn irgendwann zu eng an. Nur außerhalb der Beziehung fühlt er sich frei. Deshalb flieht er in seinen Bunker, weicht allem aus, was schwierig sein könnte. Typischerweise behauptet er jedes Mal, er bliebe nicht lange, um dann doch erst wieder mitten in der Nacht nach Hause zu kommen.

Freiheit in der Beziehung finden wir nur, wenn wir das Risiko eingehen, uns zuzumuten, unsere Wünsche zu zeigen und Auseinandersetzungen nicht scheuen. Uns in unserer ganzen Komplexität, unserer Kompliziertheit, mit unseren nicht so einfachen Seiten zu zeigen, dazu bedarf es Mut. Es kostet Mut, sich dem anderen zuzumuten.

## FÜR STATT GEGEN

»Anna, ich geh dann mal, tschüs!«, ruft Dörte, um ihre Freundinnen aus der Mittwochrunde zu treffen. »Ja, ja, okay …«, ein mauliger Ton liegt in Annas Antwort. Dörte kommt noch mal ins Zimmer: »Sag mal, hast du was dagegen, dass ich weggehe? Irgendwie habe ich das Gefühl, du moserst ewig rum, wenn ich mich verabrede?« »Naja, irgendwie scheinst du ja am liebsten weg zu sein«, sagt Anna. Dörte ist genervt: »Was soll das denn jetzt? Als ob ich ewig nur weg bin?« Anna zuckt die Achseln. »Gestern? Du warst zwar hier, aber dafür hast du stundenlang telefoniert. Aber es war ja bestimmt wieder was Wichtiges!« Dörte macht einen Schritt vor, hält inne und dreht sich schnell um. »Bescheuert!«, ruft sie und knallt die Haustür hinter sich zu.

Wenn wir das Verhalten unseres Partners kritisieren und infrage stellen, werden wir leicht von Partnern zu Gegnern. Als Angegriffener wehren wir uns. Und schon fühlen wir uns beide unverstanden, abgelehnt und sind ärgerlich. Ungeklärte Konflikte verwandeln sich in Streit, unterschiedliche Bedürfnisse in Bedürfnisse, die einander ausschließen. Aus Positionen werden unvereinbare Positionen, aus Bunt wird Schwarz-Weiß. Und statt etwas zu klären, beginnen wir uns hoffnungslos und einsam zu fühlen.

Doch wieso wenden wir uns überhaupt gegen den anderen? Der Grund ist, dass es sicherer ist. Es ist weniger riskant, *gegen* das Verhalten unseres Partners zu kämpfen als *für* unsere Bedürfnisse. Wenn wir Vorwürfe machen, dann bleiben wir geschützt. Der Kampfmodus ist unsere Rüstung. Der Angriff unsere Verteidigung. Wir sind hart, bleiben verschlossen und gehen auf Distanz. Wir weisen den Partner zurück, bevor wir in Gefahr geraten, selbst zurückgewiesen zu werden. Wenn wir uns etwas wünschen würden oder uns gar bedürftig zeigen würden, dann wären wir verletzbar. Hinter unserer Kritik bleiben unsere weicheren Gefühle und Bedürfnisse verborgen. Falls wir dann noch indirekt vorwurfsvoll sind, dann verbergen wir sogar unseren Ärger, um uns gar keine Blöße zu geben. So wie Anna, die sich allein gelassen fühlt und darüber verunsichert ist, ob sie noch wichtig für Dörte ist. Und die sich nicht für die Zuwendung von Anna einsetzen konnte.

Wir haben alle eine Zeit durchlebt, in der wir für die Erfüllung unserer Wünsche ganz auf andere angewiesen waren. Als Kinder. In Liebesbeziehungen fühlen wir uns wieder genauso, denn es gibt wieder jemanden von dessen Liebe wir abhängig sind. Wie wurde früher auf unsere Bedürfnisse reagiert? Hatten unsere Wünsche eine Chance? Wurden sie ernst genommen? Oder geht unser inneres Kind davon aus, dass Offenheit und Wünschen gar keinen Sinn machen, weil wir wieder genauso zurückgestoßen, ignoriert, vielleicht lächerlich gemacht und beschämt werden wie damals.

Wir besitzen daher meist Ersatz-Strategien, um unsere Wünsche durchzusetzen. Wir nehmen die Position des Opfers, des Tyrannen, des hilflosen Püppchens, des bedauernswerten Tropfes ein oder versuchen mit Verführung oder Sturheit ans Ziel zu gelangen. Eine Zeit lang geht das in Beziehungen gut, aber dann nerven wir einander mit diesen unbewussten Spielen. Eine Liebesbeziehung bietet uns eine ziemlich einzigartige Chance, uns bedürftig zu fühlen und erwachsen für unsere Bedürfnisse einzustehen. Dann, wenn wir uns *für* unsere Wünsche einsetzen, statt uns *gegen* die Bedürfnisse des anderen zu wenden.

## WER ERWARTET, DER WARTET ... VERGEBLICH

»Ich finde es unmöglich, wie du dich mir gegenüber verhältst«, sagt Eva zu ihrem Mann. Eva fällt es immer noch schwer, ihre Gefühle direkt zu äußern, denn in ihrer Familie gab es keine offenen Auseinandersetzungen. Deshalb sage ich: »Eva, verstehe ich das richtig, du bist enttäuscht und wütend auf Peter?« Sie ignoriert mich und starrt ihn weiter an. »Du hast doch gar kein Interesse mehr an mir. Erst will ich mit dir schmusen und du stehst auf und gehst joggen. Dann schlage ich dir vor, schwimmen zu gehen. Und alles, was du sagst, ist Nein. Und das ganze Wochenende ist dann nichts mehr passiert.« »Und du hast gewartet?«, frage ich, »dass Peter auf dich zukommt?« »Na klar!«, jetzt funkelt sie mich an. »Ist das etwa zu viel verlangt?« Und dann fängt sie an zu weinen.

Eva hat das Wochenende im Warteraum der Liebe zugebracht. Warten macht ungeduldig und erzeugt schlechte Laune. Wir bestimmen nicht mehr selbst über uns, sondern erleben uns abhängig vom anderen. Je länger Eva wartete, umso frustrierter wurde sie. Aber sie wartete, weil sie er-wartete. Nach der Logik des Ausgleichs von Geben und Nehmen war für sie ganz klar, dass jetzt Peter an der Reihe sei, ihren Wochenendsex einzuleiten, nachdem er sie hatte abblitzen lassen. Und Peter sollte einen Vorschlag machen, was sie gemeinsam unternehmen könnten, nachdem er ihre Idee so brüsk zurückgewiesen hatte.

Der Sinn für Gerechtigkeit und Ausgleich ist tief in uns angelegt. Unsere tierischen Verwandten protestieren, wenn der Schimpanse nebenan besseres Futter bekommt, und Kinder sind wahre Gerechtigkeitsfanatiker. Sie flippen aus, sobald ein Versprechen nicht gehalten wird oder die Schwester die größere Kugel Eis bekommt. In unseren Partnerschaften suchen wir dann die größtmögliche Ausgeglichenheit. Wir möchten niemanden lieben, der uns nicht auch liebt. Wir unterstützen den Partner, der auch uns unterstützt, außer vielleicht Krankheit oder Überlastung hindert einen von uns daran. Denn je gerechter und ausgeglichener sich unser Beziehungsleben anfühlt, umso sicherer können wir sein, dass der andere für uns da ist. Zu spüren, dass auch unser Liebster darauf achtet, dass niemand von uns zu kurz kommt, gibt uns immer neu die Gewissheit, für ihn wichtig zu sein.

Schwierig wird es, wenn daraus die Erwartungshaltung entsteht, dass in jeder Situation immer alles automatisch ausgeglichen wird. Und wenn wir uns, wie Eva, stumm an die Berechtigung unserer Erwartung klammern, dass jetzt unser Partner die sensiblen Gefühlskonten ausgleichen muss. Wenn es nicht geschieht, sind wir enttäuscht, werden wütend und zweifeln schließlich an unserer Beziehung. Dabei würde es meist schon reichen, wenn wir mitteilen, dass und worauf wir warten. Dass wir sagen, wo wir uns befinden. Denn der Warteraum der Liebe ist für den anderen unsichtbar.

Besonders dann, wenn auch unser Partner darinhockt. Peter hatte ja durchaus bemerkt, dass Eva nicht gut auf ihn zu sprechen war. Aber auch er hatte eine Erwartung, hinter der er sich verschanzte: »Wir gehen doch offen miteinander um.« Wenn Eva also etwas nicht gefällt, dann erwartet er, dass sie es sagt.

Wenn wir stillschweigend erwarten, dann verschanzen wir uns hinter unserem scheinbaren Recht, dass jetzt der Partner an der Reihe sei, zu handeln, dass er jetzt auf uns zukommen müsse, dass er sich jetzt für die Beziehung einsetzen müsse. So schützen wir uns so vor der möglichen Zurückweisung, wenn wir bitten und unsere Bedürfnisse zeigen würden. Doch das ist der bessere Weg, denn wer erwartet, der wartet … vergeblich.


## DER WEG IST DAS ZIEL

Manchmal scheitert das Leben an der falschen Frischhaltefolie. Die knallte Frau F. gerade auf den Küchentresen: »Wozu reden wir eigentlich? Wenn du doch einfach alles ignorierst!« »Ach ja, die«, erwiderte Herr F. etwas eingeschüchtert, »sie hatten keine andere Folie mehr, und ich dachte, besser diese als keine!« Und dann trifft ihre Verzweiflung, dass sie sich nicht auf ihn verlassen kann und sich von ihm immer wieder im Stich gelassen fühlt, auf seine Verzweiflung, dass er es ihr wohl niemals recht machen kann. Dabei war das Ehepaar F. froh, nach jahrelangen Kämpfen ihren Haushalt organisiert zu haben. Er hatte die Aufgabe »Drogerie-Markt-Einkauf« übernommen. Doch beim letzten Einkauf war die einzige Frischhaltefolie, die seine Frau akzeptierte, ausverkauft gewesen. Jetzt, als wir während Therapie darüber sprechen, wird klar, dass er sogar noch nebenan beim Discounter war, um diese spezielle Folie zu besorgen, leider ebenfalls erfolglos. Ihm war klar, dass sie genervt sein würde. »Aber ich hatte ja alles gemacht, was ich tun konnte.«

Doch genau das stimmte nicht. Ja, er hatte alles getan, um die richtige Folie zu organisieren. Aber er hatte überhaupt nicht alles getan, um die Beziehung zu leben. Sein ganzes inneres Erleben – einfach ignoriert und totgeschwiegen. Alles, was er gedacht hatte, wie getilgt. Nun erscheinen uns die inneren Prozesse beim Erwerb einer Rolle Frischhaltefolie eher trivial. (»Mist, gibt es hier auch nicht, das wird ihr nicht gefallen, wo ihr das doch ausgerechnet so wichtig ist, aber verdammt, ohne gehe ich auch nicht nach Hause.«)

Aber genau deshalb ist es ein gutes Beispiel. Denn es ist überhaupt nicht trivial, dass unsere innere Welt für den Partner unsichtbar ist.

Wir denken ständig über unsere Beziehung nach, sind ständig mit unseren Gefühlen beschäftigt. Und die Gefühle und Wahrnehmungen, die wir über den anderen, über uns selbst und über unsere Beziehung haben, das macht zu ganz großen Teilen unsere Beziehung aus. Unser Erleben der Beziehung ist mehr als der Weg, auf dem wir unser Ziel, eine erfüllende Beziehung, erreichen. Es ist die Beziehung. Wie lebendig und geborgen sich der ständige Prozess des Sich-auf-einander-beziehens anfühlt, das ist die Beziehungsqualität. Niemand weiß, wohin unsere Lebensreise als Paar geht, wir müssen unsere Ziele immer wieder gemeinsam neu finden. Aber wir sind immer gemeinsam unterwegs. Deshalb, auch wenn es mittlerweile eine Postkartenweisheit ist: Der Weg ist das Ziel. Und das ist nirgendwo so klar wie in der Liebe. Wenn Herr F. es beherzigt hätte, dann hätte seine Frau erfahren, dass ihm ihre Wünsche nicht gleichgültig sind. Und sie wären sich ein Stück näher gekommen.

Wir laufen immer Gefahr, dass wir unser Beziehungserleben aus den Augen verlieren. Wegen der Unmenge kleiner und großer Lebensziele, die wir zu erreichen versuchen. Vom Einkauf bis zur Weltumsegelung. Doch nur – Achtung, Wortspiel –, wenn wir unsere inneren Welten miteinander teilen, halten wir unsere Liebe frisch. In der Liebe gibt es kein Ziel außer der Liebe, die nie zu erreichen, aber immer zu gestalten ist. Denn der Weg ist wirklich das Ziel.

## GELEGENHEITEN SCHAFFT MAN

Frau L. zupft an ihrer Bluse und rutscht auf dem Sofa herum, so als finde sie einfach nicht den richtigen Platz. »Mir ist es langsam peinlich«, sagt sie schließlich, »es ist doch immer das Gleiche. Meinen Mann sehe ich kaum. Und wenn er dann mal da ist, dann fährt er bei der kleinsten Kleinigkeit aus der Haut. Alles nervt ihn, alle anderen sind Idioten. Und ich bin auch nur noch genervt und verabrede mich, so oft ich nur kann, mit meinen Freudinnen.« Herr M. hört zu, scheinbar ungerührt. »Sie müssten dringend mal wieder miteinander sprechen«, beginne ich. Frau L. hat sich mittlerweile in eine Decke eingewickelt. »Ja, aber dazu haben wir ja eben gar keine Gelegenheit«, sagt sie. Und ich frage sie beide: »Ist das wirklich wahr?«

Beziehungen bleiben nicht einfach gut. Beziehung müssen wir immer wieder klären. Alles andere ist Unsinn. Beziehungen, allen voran unsere Liebesbeziehung, sind für uns das Wichtigste auf der Welt. Nicht Erfolg und Anerkennung, sondern nahe, liebevolle Beziehungen bestimmen unsere Gesundheit und Zufriedenheit. Unsere Psyche ist auf das Zusammenleben mit wichtigen Anderen programmiert. Deshalb fühlen wir immer, wie nah oder belastet unsere Liebesbeziehung gerade ist. Und wissen genau, wann wir etwas unternehmen müssten, um die Verbindung zwischen uns wiederherzustellen.

Doch statt aufeinander zuzugehen, warten wir ab. Denn eine kriselnde Beziehung fühlt sich unsicher an. Wir fürchten dann, dem anderen »zu viel« zu werden, wenn wir schon wieder mit unserer Unzufriedenheit um die Ecke kommen. Oder »zu wenig« zu sein und nur wieder zu hören, dass wir alles falsch machen. Also schleichen wir umeinander herum, halten Smalltalk und machen uns vor, dass sich die richtige Gelegenheit ergeben muss, um wieder zueinanderzufinden. Aber es ist nicht die Gelegenheit, die uns fehlt. Es ist unsere Angst, abgewiesen zu werden und unsere Scham, uns bedürftig zu zeigen, die uns zurückhalten. Und je länger wir warten, umso schwerer wird es, weil wir immer enttäuschter vom Partner sind, dass er keinen Schritt auf uns zu macht.

So landen auch Frau L. und Herr M. immer wieder auf dem Beziehungsnullpunkt. Herr M. fürchtet, dass alles nur noch schlimmer wird, wenn man an einem Problem rührt. In seinem Elternhaus ging man über Probleme einfach hinweg. Also reagiert er gereizt, sobald seine Frau anspricht, wenn sie unzufrieden ist. Und da Frau L. eine überforderte, ungeduldige und sehr entwertende Mutter hatte, zieht sie sich wegen seiner harschen Reaktion ängstlich zurück. Nah kommen sie sich nur noch bei ihrem spitzmündigen Abschiedsküsschen. In dem so wenig Gefühl liegt, dass sie genauso gut den Türrahmen knutschen könnten.

Unsere Beziehungsängste können wir nicht einfach übergehen. Das müssen wir auch nicht. Denn wir können sie uns gegenseitig zeigen. »Ich habe Angst, dich anzusprechen«, ist ein guter Einstieg, wenn sich die Beziehung nicht mehr gut anfühlt. Wenn wir den anderen nicht kritisieren, sondern ihm zeigen, wie einsam, unwichtig oder abgewiesen wir uns gerade fühlen, dann müssen wir nicht auf die vermeintlich richtige Gelegenheit warten. Denn Gelegenheiten schafft man.

## GRENZEN, DIE NICHT GEFÜHLT WERDEN, MÜSSEN GESETZT WERDEN

Marita: Manchmal ist es für sie beim Sex unangenehm, wenn er zu schnell damit beginnt, ihre Brüste zu streicheln. Es ist nicht schmerzhaft, er ist nicht uneinfühlsam, aber sie würde seine Hände lieber erst an anderen Körperstellen spüren.

Ulli: Am Sonntagmorgen vertraut er ihr zum ersten Mal an, dass er häufiger daran denkt, zu kündigen. Sie beginnen darüber zu sprechen. Dann klingelt das Telefon. Und kurze Zeit später hört er sie zu ihrer anrufenden Freundin sagen: »Ulli überlegt gerade, ob er nicht vielleicht kündigen sollte.« Plötzlich fühlt er sich sehr allein.

Hanna: Sie diskutieren, ob sie ihre Ferienwohnung vermieten. Für ihn ist es eine klare Sache. Ihr Kontostand spricht dringend dafür. Hanna würde Fremde in ihrer Wohnung als Eindringlinge in ihre Privatsphäre empfinden. Er findet das zu unbedeutend, um lange darüber zu diskutieren. Sie läuft aus dem Zimmer.

Am liebsten ist uns das Leben, wenn wir darin wie in einem angenehm warmen Strom dahintreiben können. Doch der Aufenthalt im Gefühls-Nirwana ist uns selten gegönnt. Viel häufiger hört der Nachbar seine Musik zu laut, benutzt der Kollege ungefragt unseren PC, oder nennt uns unser Partner wieder »Anni-Schatz«, was wir schon als Kind gehasst haben. Wir fühlen uns ignoriert, nicht respektiert oder gar vereinnahmt. Wir müssen uns abgrenzen.

Gerade gegenüber unserem Liebespartner ist das nicht immer leicht. Einerseits möchten wir nicht unserseits seine Grenzen überschreiten und ihn einengen. Andererseits sind wir tief enttäuscht, weil ausgerechnet unser Liebespartner, der uns doch so gut wie niemand sonst verstehen sollte, unsensibel gegenüber unseren Bedürfnissen ist.

Doch es führt kein Weg daran vorbei, einander mitzuteilen, wodurch genau wir uns bedrängt, gekränkt, verärgert oder auch nur, mit was wir uns unwohl fühlen. Denn unsere Gefühls-Grenzen sind für unseren Partner unsichtbar. Deshalb tut Marita gut daran, seine Hand beim nächsten Mal sanft, aber deutlich aufzuhalten. Wenn unsere Beziehung ein guter, sicherer Ort bleiben soll, dann müssen wir deutlich füreinander sein. Und Ulli muss ansprechen, dass er nicht das nach außen getragen sehen möchte, worüber er sich selbst noch nicht im Klaren ist.

Sobald wir lernen, unsere Grenzen zu vertreten, fühlen wir uns weniger bedroht und ausgeliefert. Wir können entspannter und flexibler reagieren. Gute Grenzen im Umgang miteinander sind flexibel. In der Selbstverständlichkeit naher Beziehungen werden Grenzen manchmal rigoros und aggressiv eingefordert. Doch nur Tyrannen erwarten, dass ihre Grenzen ein für alle Mal uneingeschränkt respektiert werden. Tatsächlich ist die Abgrenzung in der Partnerschaft ein ständiger Prozess; das Paar handelt immer wieder seine gegenseitigen Grenzen aus. Damit das gelingt, darf Hanna nicht verletzt weglaufen, sondern muss sich dafür einsetzen, respektiert zu werden.

Wenn wir unsere Grenzen nicht ziehen, dann wirken die Gefühle, die wir dadurch unterdrücken, in uns fort und belasten die Beziehung. Es gibt viele Gründe, weshalb Grenzen, die nicht gefühlt werden, gesetzt werden müssen.


## NÄHE MUSS NICHT NAH SEIN

»Können wir noch mal über gestern Abend reden?«, fragt Frau B.-F. ihren Mann. »Worüber denn?«, fragt er irritiert, und sie sagt: »Wir haben uns fast zehn Tage lang nicht gesehen. Ich hatte mich auf dich gefreut. Und als ich gesagt habe: »Komm, lass uns ins Bett gehen«, und dich ins Schlafzimmer gezogen habe, da habe ich gedacht, dass wir noch miteinander kuscheln, aber ...« »Ach, ich war einfach müde«, sagt Herr F. Und dann sagt er nichts mehr. Nach einer Weile sagt Frau B.-F.: »Ich glaube nicht, dass du einfach nur müde warst!« Aber Herr F. bleibt dabei. Man dürfe schließlich doch noch mal müde sein. Seine Frau senkt den Kopf. »So ist es immer!«, sagt sie. Und ich erinnere, weshalb sie zur Therapie gekommen waren: fehlende Nähe.

Wir möchten wissen, was im anderen vor sich geht, weil das die Voraussetzung für Nähe ist. Die Frage: »Was beschäftigt dich zur Zeit am meisten?« ist die Kernfrage der Zwiegespräche, die Lukas Moeller, einer der Pioniere der Paartherapie, entwickelte. Wenn wir wissen, was unseren Partner innerlich beschäftigt, können wir an seinem Leben teilnehmen. Wenn wir mitteilen, was uns beschäftigt, laden wir unseren Partner in unsere Welt ein. Intimität und Vertrautheit entstehen. Und wir können mit den wirklich wichtigen Gesprächen beginnen, darüber wie es uns miteinander geht.

Im Job sind wir längst daran gewöhnt, Feedback-Bögen auszufüllen und Perspektivgespräche zu führen. Es erscheint uns logisch und sinnvoll, über die Beziehung zueinander und die gegenseitige Wahrnehmung voneinander zu sprechen. Aber dort, wo wir es am meisten brauchen, tappen viele Partner in die Nähe-Falle.

Aus Angst, den anderen zu enttäuschen, aus Sorge, ihm nicht zu genügen, zu dumm, zu uninteressant, zu fordernd, zu viel, zu wenig, irgendwie falsch zu sein, verschließen wir uns. Wir verschweigen, was in uns vorgeht, weil wir Angst haben, die Zuwendung und Liebe unseres Partners dadurch weiter verlieren zu können. Wir sprechen nicht über die Distanz, die wir fühlen. Oder die

Irritation, die unguten Gefühle, die der Andere, in uns auslöst. Wir möchten nichts tun, was die Nähe gefährdet. Und genau das gefährdet sie.

Herr F. fühlt sich unsicher mit seiner Frau. Er glaubt, sie sei enttäuscht von ihm. Weil er einen besser dotierten Job abgelehnt hatte. Und sexuell, weil sie öfter bemerkt habe, sie möge es nicht, »so bearbeitet« zu werden. Er ist verletzt und wütend. Aber er teilt weder seine Unsicherheit mit noch die Distanz, die er fühlt. Doch genau das wäre der Schritt in die Nähe.

Nähe sind eben nicht nur die kuscheligen Momente voller Harmonie oder die ekstatischen Augenblicke körperlicher Vereinigung, in denen die Grenzen des Ichs zu verschwinden scheinen. Nähe bedeutet oftmals zu teilen, was trennt. »Ich zweifele an unserer Beziehung.« »Ich fühle mich allein gelassen.« »Ich verliere meine Gefühle für dich.« Sätze, die kein Ausdruck von Nähe sind. Aber doch Nähe herstellen können. Denn Nähe muss nicht immer nah sein.

# X

# ZUFRIEDENE UNZUFRIEDENHEIT –
# LÖSUNGEN UND PERFEKTIONISMUS

Es existiert scheinbar ein Tabu, das sich in unsere Psyche einge-
schlichen hat. Ich möchte es mal, bitte verzeihen Sie, ganz hart
formulieren: Es darf uns nicht mehr Scheiße gehen. Wenn wir unzufrieden sind, wenn es uns nicht gut geht, dann löst das Groß-
alarm aus. Es ist der Supergau, die Kernschmelze unseres Selbst-
gefühls.

Aber in Beziehungen wird es uns nicht ständig gut gehen. Es
ist sogar vorhersagbar, dass es oft sehr unbefriedigend ist, zum
Beispiel wenn ein Paar sein erstes Baby bekommt. Dann bricht ihr
nettes Leben zusammen. Wer wechselt die Windeln, wer unterbricht seine Karriere? Kein Sex, die Schwiegermutter dauernd im
Haus und alles bei einer ungestörten Netto-Schlafdauer von 1,5
Stunden. Spätestens nach ein paar Monaten ist die Beziehung alles andere als schön.

Wir wissen, dass die Welt nicht so ist, wie wir sie uns wünschen. Dass die Vorstellung des perfekten Partners kindisch ist.
Wenn die Puppe nicht antwortet, findet das kleine Kind sie böse
und haut sie. Und dann feuert es Püppi in die Ecke. Aber wir
wollen unseren Partner nicht gleich wegwerfen, wenn er nicht reagiert. Wir verstehen ja, dass unser Liebster nicht unser Wunsch-

erfüllungspartner ist. Wir versuchen deshalb das, was uns unzufrieden macht, gegen das, womit wir zufrieden sind, abzuwägen. Aber das hilft uns nicht. Wir sehnen uns weiter nach einer perfekten Lösung. Wir wissen längst, dass es keine perfekte Lösung gibt. Aber emotional verlangen wir doch trotzdem immer wieder danach. Das macht uns unzufrieden.

Was schon Problem genug wäre, wenn es denn sein dürfte. Aber es wird zu einem Riesenproblem, weil es nicht so sein darf. Wir können nicht akzeptieren, dass wir unzufrieden sind. Sobald wir anerkennen könnten, dass wir uns in unserer großartigen Liebesbeziehung auch immer mal wieder richtig mies, schlecht, allein, verlassen, verraten, falsch, fremd, zum Heulen und verzweifelt fühlen, ginge es uns besser.

Die US-amerikanische Paartherapeutin Esther Perel vertritt dazu eine bedenkenswerte Position. Sie regt an, dass wir unsere Beziehung weniger anspruchsvoll betrachten sollten. Warum sollte unsere Beziehung der erfolgreichste Bereich unseres Lebens sein? Ist es nicht möglicherweise so, dass wir nicht in der superglücklichen Beziehung leben, aber ihr treu bleiben, weil diese Beziehung es für uns möglich macht, in anderen Bereichen unseres Lebens erfolgreich zu sein. Die beziehungskluge US-amerikanische Autorin Anne Tyler hat das auf ihre Art formuliert: »Es ist nicht so wichtig, wie sehr man jemanden liebt, sondern wer man ist, wenn man mit dem anderen zusammen ist.« Wir sind erfolgreiche Eltern. Wir machen vor dem stabilen Hintergrund unserer Ehe Karriere. Wir gehen unseren Hobbys und Interessen nach. Wir haben einen Kreis von Menschen um uns geschart, in dem wir uns geborgen und aufgehoben fühlen. Wir sind ökonomisch erfolgreich. Eine Superbilanz. Wenn da nur nicht dieses Gefühl der Unzufriedenheit bliebe. Mittlerweile verlassen wir Beziehungen weniger, weil wir uns in ihnen so tief unglücklich fühlen. Wir verlassen sie, weil wir unzufrieden sind, und die Vorstellung haben, dass wir mit einem anderen Menschen glücklicher sein könnten.

Doch wieso breitet sich in unseren Köpfen der Beziehungs-Perfektionismus immer mehr aus? Weil sich eine Illusion verbreitet, die für Beziehungen gefährlich ist. Die Illusion, dass es für alles eine Lösung gibt.

Elon Musk stand vermutlich im Stau, wie jeder, der sich durch eine Millionenstadt wie Los Angeles bewegt, irgendwann im Stau steht. Elon Musk aber beschloss, Los Angeles staufrei zu machen. Er will Los Angeles unterkellern, damit man unter der Erde überallhin rasen kann. Noch wissen wir nicht, ob Elon Musk seinen Plan tatsächlich verwirklichen wird. Aber auf jeden Fall hört die Welt Elon Musk zu, sonst wüsste ja auch ich nichts von seiner Idee. Mr. Musk ist kein armer Irrer, der eingeklemmt hinter seinem Steuerrad mit Schweißflecken unter den Achseln größenwahnsinnige Ideen produziert, um seinen Frust über die auf der verstopften Highway vergeudete Lebenszeit abzubauen. Elon Musk ist ein milliardenschwerer Silikon-Valley-Visionär und u. a. CEO von Tesla, jener Autofirma, die mit ihren Elektromotoren mächtig Druck auf die anderen Hersteller macht, die immer noch am Verbrennungsmotor hängen. Dort, im kalifornischen Tal der Lösungen, wollen die großen Internet- und Technologie-Konzerne eine neue Welt aufbauen, in der alle alten Menschheitsprobleme gelöst und die Menschheitsträume Wirklichkeit werden. Und sei es, dass die gesamte Welt verkehrstechnisch unterkellert wird. Das Aufeinandertreffen von technologischen Möglichkeiten und unserem auf Wachstum angewiesenen Wirtschaftssystem verwandelt uns alle aber unbemerkt in Lösungsfetischisten à la Mr. Musk.

Wir sind immer mehr Bequemlichkeit, auf uns zugeschnittene Lösungen und Komfort gewohnt. Was wunderbar ist. Doch es macht uns, kombiniert mit der allgemeinen Beschleunigung aller Prozesse, ungeduldig gegenüber allem, was nicht sofort Wirkung zeigt, was nicht augenblicklich verbessert wird, was nicht gelöst werden kann. Wir wollen Lösungen. Wir erwarten Lösungen. Jedes Jahr fiebert die Welt der Apple-Präsentation entgegen, in der Hoffnung, dass wir dort für etwas eine Lösung bekommen, von dem wir gar nicht wussten, dass wir eine Lösung dafür brauchen.

Lösungen sind nichts Schlechtes. Aber nur, solange wir davon die Probleme unterscheiden, die nie endgültig lösbar sind. Kein Prozess im menschlichen Leben besitzt eine endgültige Lösung. Unser Hunger muss immer wieder gestillt werden. Unsere Fitness müssen wir immer weiter trainieren. Unsere Nähe zueinander müssen wir immer wieder herstellen. Wenn wir genug zu essen haben, um unseren Hunger zu stillen, dann ist noch gar nichts gewonnen. Denn nun überfressen wir uns, werden fett, konvertieren zu militanten Veganern oder verwandeln Essen in eine molekulare Kunstform, um stets außergewöhnliche Genüsse zu finden. So lange wir leben, finden wir keine endgültige Lösung für irgendetwas. Denn das Problem sind wir Menschen selbst in unserer Widersprüchlichkeit.

Ich arbeite mit einem Paar schon fast eine Stunde an ihrem Streit. Jetzt sind sie beide beruhigt. Und er hat verstanden, dass seine

Frau ihn nicht fertigmachen will, wenn sie wütend auf seine schlechten Scherze reagiert. Sondern darum fightet, von ihm ernst genommen zu werden. Und sie versteht, dass er sie damit nicht kränken, sondern alles leichter machen will. Ich denke: Super, das hilft doch wirklich! Und dann gucken mich beide an. Erwartungsvoll. Bis einer nicht mehr so hoffnungslos hoffnungsvoll lächelt und sagt: »Okay, aber was machen wir denn jetzt damit? Wir haben das jetzt verstanden. Aber wie sieht denn die Lösung aus? Was sollen wir denn jetzt anders machen?« Und ich breche als Therapeut innerlich zusammen. Aber ich gebe mir alle Therapeutenmühe und sage: »Sie fühlen sich noch unsicher und hätten gerne noch eine genauere Anweisung, damit sie sich sicherer fühlen können?!« Und überlege, wie ich ihnen nahebringen kann, dass sie die Lösung, die sie suchen, doch schon erleben.

Verständlicherweise möchten Paare wissen, wie es weitergeht. Und die Frage: »Okay, und wie sieht jetzt die Lösung aus?« ist nachvollziehbar. Sie haben gerade Einblick in eine wichtige Dynamik ihrer Beziehung bekommen. Aber sie haben noch nicht erlebt, ob sich dadurch etwas verändert. Sie suchen nach Veränderung auf der Handlungsebene, also in ihrem Verhalten.

Die wichtigste Veränderung aber geschieht auf unserer Gefühlsebene. Es geht immer darum, wie wir erleben, was wir erleben. Wenn wir auf der Straße angerempelt werden, dann macht es einen großen Unterschied, ob wir denken, dass uns jemand absichtlich in den Rinnstein befördern möchte oder nur versehentlich in uns reingelaufen ist, weil er auf seinem Smartphone rumgefummelt hat. Das eine könnte zu einer üblen Schlägerei führen. Das andere der Beginn einer wunderbaren Freundschaft werden oder auch ein augenblicklich vergessenes Alltagsereignis sein.

Wenn wir das Verhalten unseres Partners wirklich in einem anderen Licht sehen und ihn tatsächlich anders verstehen, dann *ist* das eine gewaltige Veränderung! Entscheidend sind die Programme, die uns zur Verfügung stehen. Der Historiker Yuval Noah Harari vergleicht unsere Gefühle mit Algorithmen. Sie regeln unser Verhalten, weil sie uns fühlen lassen, wie wir uns durchs Leben bewegen sollen.

In Beziehungen kann es immer wieder zu Situationen kommen, in denen Meinung auf Meinung prallt, das Bedürfnis des einen nicht mit dem Bedürfnis des anderen vereinbar scheint. Er möchte unbedingt mit seinem besten Freund und dessen Frau zu viert durch Australien touren, während sie den Trip zu zweit als Paar machen möchte. Einer muss zurückstecken. Doch ob es dadurch einen Riss in der Beziehung gibt, entscheidet sich im gemeinsamen Prozess. Wenn einer damit droht, den ganzen Trip platzen zu lassen, sollte der andere sich nicht seinen Vorstellungen anpassen, dann entsteht eine völlig andere Situation, als wenn das Paar gemeinsam jedes Pro und Kontra abwägt. Dann fühlt sich auch der »Unterlegene« gehört, geachtet und nicht übergangen. Wer sich durchsetzt, entwickelt weniger Schuldgefühle und muss nicht fürchten, dass die Unzufriedenheit seines Partners die ganze Reise belasten wird. Die Entscheidung bleibt die Entscheidung. Aber das Gefühl, das sie im Paar hinterlässt, ist ein ganz anderes.

Niemand ist perfekt. Wenn mich Therapie etwas gelehrt hat, dann, dass alle Menschen immer wieder hilflos werden. Wir kommen an unsere Grenzen und werden hilflos, weil wir einfach nicht wissen, es nie gelernt haben, wie wir mit der Situation, in der wir uns gerade befinden, angemessen und gut umgehen können. Wir haben von Kindheit an bestimmte emotionale Erfahrungen gemacht. Wir haben Beziehungen gelebt und überlebt, haben schwierige Zustände gemeistert. Diese Erfahrungen sind in unseren Gefühlen gespeichert. Sie sind unsere Werkzeuge für Liebesbeziehungen. Und wir sind dadurch Handwerker, die nur wenige Handwerkszeuge besitzen. Dann ist es manchmal, als fuchtele einer angesichts eines Rohrbruchs mit einem Schraubenzieher und der andere mit einem Zentimetermaß herum. Als Partner sind wir dann schwer füreinander zu ertragen. Dabei tun wir das Beste, was wir können. Menschen tun immer ihr Bestes. Auch unser Partner. Auch wenn es sich überhaupt nicht so anfühlt.

Als ich einen schwer kranken Klienten kurz vor seinem Tod begleiten durfte, fragte ich ihn in einem unserer letzten Treffen, was ihm wirklich wichtig erschien in seinem Leben. Er sagte: »Herzensbeziehungen.« Wir tragen alle eine tiefe existenzielle Einsamkeit in uns, die viel zu schwer wiegt, als dass wir sie alleine tragen können. Jeder Mensch ist ein besonderer Mensch. Er hat nicht viel Zeit und Möglichkeiten, das zu entdecken. Unsere Liebesbeziehung ist die größte Möglichkeit, die wir haben.

Mein Partner ist niemals immer so, wie ich ihn mir vorstelle. Aber im Grunde ist das kein Problem. Denn wir können ambivalent sein. Für uns gibt es nicht nur Ja oder Nein. Wir können auch Ja und Nein gleichzeitig fühlen. Wir können jemanden lieben, auch wenn er uns manchmal entsetzlich nervt.

Wir werden nie so zufrieden sein, wie wir uns Zufriedenheit vorstellen. Wir werden immer wieder mit unserem Partner unzufrieden sein. Aber wir können sehr zufrieden werden, wenn wir mit unserer Unzufriedenheit Frieden schließen. Wenn wir bereit sind, etwas zu leben wie zufriedene Unzufriedenheit.

## LIEBE IST NICHT ANGENEHM

Niemand kann Ratschläge gebrauchen, wenn er Liebeskummer hat. Paula weiß das. Ihre Tochter Lina hat gerade Beziehungsfrust. »Warum ist das alles nur so schwer?«, fragt Lina. »Keine Ahnung«, sagt Paula. »Aber man lernt zu akzeptieren, dass es schwer ist. Wirklich.« Nach einer Weile sagt sie. »Weißt du, woran ich oft denken muss? Ich glaube, der Typ hieß George. Er sah fantastisch aus, lange Locken und so. Jedenfalls waren wir zusammen, ein paar Wochen. Und eines Tages lag ich neben ihm im Bett und wollte mich an ihn kuscheln. Aber er wollte unbedingt seine Zeitung lesen und stand auf. Und das war wie ein Hammerschlag für mich. Ich war echt verwirrt. Ich fühlte mich wie abgeschnitten, verletzt und sogar irgendwie schuldig, in einem fiesen Gefühlsknäuel. Da habe ich mich angezogen und bin gegangen.« »Und?« »Na, nix und. Ich habe ihn nie wiedergesehen! Aber wenn ich deinen Vater auch jedes Mal verlassen hätte, als es sich nicht gut anfühlte, dann gäbe es dich jetzt nicht.«

Liebe ist unser wichtigstes Gefühl. Es ist aber auch das Gefühl, das uns am meisten verwirrt. Denn wir haben unendlich viele und widersprüchliche Ideen darüber. Leidenschaftliche und geschwisterliche Liebe, die Liebe zu Gott und zu belgischen Pralinen, Verliebtheit, reife Liebe, barmherzige Liebe, Romeo und Julia, Bridget Jones und diese Kolumnen – aber so weit gefächert unsere Liebesvorstellungen auch sein mögen, auf eine Vorstellung können wir uns vermutlich einigen: Liebe ist ein großartiges Gefühl. Selbst die wissenschaftlich korrekte Paarforschung nennt Partner, die sich lieben oder die zumindest zufrieden mit ihrer Beziehung sind, »glückliche Paare«.

Aber Liebe ist nicht Glück. Es kann uns glücklich machen zu lieben. Ja. Aber genauso oft macht es uns unglücklich. Unsere Liebesbeziehungen sind häufig mühsam, frustrierend und vor allem schmerzhaft. Wie oft werden wir in der Liebe enttäuscht. Welche schrecklichen Zustände durchlaufen wir, wie viel Sorge bereitet uns die Liebe. Die Eifersucht, die Angst, den anderen zu verlieren oder uns selbst. Die Leere, die uns trennen kann. Die Verzweiflung. Die Hilflosigkeit. Die zerstörten Hoffnungen und geplatzten Träume. All die durchwachten Nächte, die vollgeheulten Taschentücher, die zugeknallten Türen. Liebe ein angenehmes Gefühl? Love hurts. Liebe kann nicht nur angenehm sein, denn sie macht uns verletzbar. Als Liebende sind wir ungeschützt, abhängig, angewiesen. Gleichgültig, ob wir dreißig Tage lang oder dreißig Jahre lang ein Paar sind. Wir versuchen, unsere Ängste durch Vertrauen in den anderen zu besänftigen. Ein ständiger Zustand der Unsicherheit, wenn wir ehrlich sind. Aber wir tun es, weil unsere Erfüllung nicht in uns selbst liegt, sondern im Miteinander mit denen, die uns wichtig sind. Denen, die wir lieben.

Liebe in Beziehungen ist kein reines Vergnügen. Und alles andere als eine Garantie für gute Gefühle. Nur wenn wir das anerkennen, werden wir nicht wie die junge Paula aufstehen und weggehen, wenn die Liebe ihre schmerzhafte Seite zeigt. Liebe gehört zu uns wie unser Atem. Sie ist für uns das Größte. Aber Liebe ist nicht immer angenehm.

## FEHLER ÖFFNEN WEGE

Paare kommen aus den unterschiedlichsten Gründen zur Paartherapie. Sie kommen, weil ihr Sexleben kein Leben mehr hat.

Weil der Schmerz immer noch schmerzt, obwohl die Affäre sechs Jahre zurückliegt. Oder sein letzter Karriereschritt sie in ein Wochenendpaar verwandelt hat, das seine Nähe verloren hat. Aber alle Paare möchten das Gleiche. Sie möchten, dass es ihnen besser geht. Sie möchten wissen, was sie tun können, um eine befriedigendere Beziehung führen zu können.

Deshalb sind sie sehr erstaunt, wenn der Therapeut sie fragt: »Herr Müller, was müssten sie tun, damit ihre Beziehung so schnell wie möglich ganz katastrophal wird? Was wäre der beste und sicherste Weg, dass ihre Frau tiefunglücklich in der Beziehung mit Ihnen wird? Und Frau Müller, was müssten sie tun, damit ihre Beziehung so schnell wie möglich so schrecklich wie möglich wird? Was müssten sie tun, damit ihr Mann sich so unglücklich wie möglich in der Beziehung mit Ihnen fühlt?«

Diese Fragen fordern das Paar auf, die Perspektive zu wechseln. Statt weiter darüber zu nachzugrübeln, was sie besser machen könnten. Denn genau das haben sie ja bereits lange erfolglos gemacht.

Wenn wir darüber fantasieren, wie wir die Beziehung so richtig in die Grütze fahren könnten, dann steigen wir aus unseren üblichen Beziehungsgedanken aus. Wir sind frei von Verantwortung und Selbstbeschränkung. Wir können ohne Einschränkung unser ganzes Beziehungswissen nutzen. Wir spielen mit den wunden Punkten unseres Partners, von denen wir wissen, dass wir ihn dort leicht verletzen können. Wir spielen mit unseren dunklen Eigenschaften, von denen wir wissen, dass sie wahre Liebeskiller sind, und für unseren Liebsten kaum oder gar nicht zu ertragen. Zwar wissen wir nicht gleich eins zu eins, was gut für unsere Beziehung ist, wenn wir uns ausmalen, was schlecht wäre. Doch wir wissen genau, wie wir unseren Liebsten treffen können. Wenn wir jeden Tag dreimal mit unserer Mutter telefonieren, im ganzen Haus Bilder aufhängen, auf denen unser Ex mit abgebildet ist oder uns jeden Abend volllaufen lassen. Und durch diesen Perspektivwechsel wissen wir auch, was unser Partner sich mehr oder anders von uns wünscht. Etwas, das wir ohnehin wissen. Doch weil wir uns im Konflikt mit ihm befinden, sind wir selten bereit und in der Lage, wirklich darüber nachzudenken. Wir sind viel zu sehr damit beschäftigt, alle Vorwürfe zu entkräften. Und in unserem Kopf kreisen die Gedanken darum, wie schwer wir es mit ihm haben.

»Was müsste ich tun, damit sich unsere Beziehung so drastisch wie möglich verschlechtert?« Wir brauchen keinen Therapieraum für diese Frage. Aus Fehlern, so wissen wir, lernen wir. Wir müssen nicht warten, bis wir sie begehen, denn wir machen sie ja längst. Wenn auch nicht so drastisch wie in unserer Fantasie. Wenn wir die Macht haben, die Beziehung ratzfatz an die Wand zu fahren, dann haben wir auch die Macht, sie positiver zu gestalten. Die Fehler, die wir machen könnten, lassen uns die Wege erkennen, die wir gehen können.

## DIE LIEBE IST KEINE ILLUSION

Jana ist enttäuscht. Fredi war bei einer Prostituierten. Fredi hat Pornos geguckt, »bis ihm der Arm wehtat«, wie Jana mit trotzigem Galgenhumor feststellt. Fredi hatte eine Krise, war getrennt von seiner Familie, in Jobs, die er nicht mochte. Schon als Jugendlicher hatte er sich durch Masturbation Entspannung verschafft und Konflikte verdrängt. Fredi ist kein Mann großer Worte. Aber auch ihm fehlen die Kleinen oft. Es ging ihm schlecht, und er versuchte, allein damit zurechtzukommen. Als er immer tiefer im Pornowunderland versackte, fand er vor Scham erst Recht keine Worte mehr. Seitdem haben sie viel gesprochen. Fredi hat unter Tränen um Verzeihung gebeten und Jana hat ihm verziehen. Sie hat gewütet, getrauert – und verstanden. Es ist zwei Jahre her. Aber Jana kommen noch immer die Tränen, wenn sie daran denkt. »Jana«, sage ich, »kann es sein, dass du von der Liebe enttäuscht bist?«

Die Liebe. Es gibt keine andere Kraft, die unserem Leben so viel Sinn, Zuversicht und Halt gibt. Keine andere Macht, an die wir so glauben, der wir uns so anvertrauen, die uns anleitet, wie wir uns verhalten sollen. Mit etwas Glück haben wir sie erlebt oder erleben sie immer wieder in einer ihrer vielen Erscheinungsformen. Aber garantiert hat uns geprägt, dass wir ihr in jedem spirituellen Text begegnen, sie jedes Leinwanddrama antreibt.

In uns hat sich eine Vorstellung, eine Idee von der Liebe geformt, die uns oft erst bewusst wird, wenn sie sich nicht erfüllt. Ja, wir wissen, dass Liebe wehtut. Es ist eine schrecklich schmerzhafte Lektion, wenn unsere erste große Liebe endet, wo sie sich doch unendlich angefühlt hatte. Wenn wir einen geliebten Menschen verlieren, oder er unsere Liebe nicht erwidert.

Aber auch die Liebe, die bestehen bleibt, heilt nicht alles und schützt uns nicht vor allem. Wir können einen Menschen noch so sehr lieben, wir werden ihn dadurch nicht verlässlich davor schützen, Depressionen oder Ängste zu entwickeln, Drogen oder sich das Leben zu nehmen. Unsere Liebe zueinander mag noch so beständig, tief und uneingeschränkt sein, wir können uns dennoch belügen, betrügen oder uns voneinander entfernen, so wie Jana es mit Fredi erlebte. »Am Ende tötet man immer das, was man liebt«, schrieb der Zyniker Oscar Wilde. Tatsächlich aber müssen wir die Illusionen, Wünsche und Begehren, die wir der Liebe angedichtet haben, »töten«. Wir müssen uns von der Liebe enttäuschen lassen. Denn wenn wir unsere Illusionen aufrechterhalten, geben wir in Wahrheit die Liebe selbst auf.

Wie Jana müssen wir uns fragen, welche Vorstellungen wir von der Liebe haben. Warten wir immer noch darauf, dass wir wieder genauso geliebt werden wie als Kind? Sehen wir in der Liebe immer noch eine Superkraft, die die Welt in Ordnung bringt, eine himmlische Macht, die einfach auf uns wirkt, statt etwas, dass unsere ganze Aufmerksamkeit, unsere ganze Intelligenz und Hingabe benötig? Nur wenn es uns gelingt, unsere Illusionen über die Liebe aufzugeben, dann bleibt die Liebe keine Illusion.

## UNSERE LIEBE IST NIE GESCHICHTE

»Wenn ich daran denke, jahrelang vom Job aus direkt in die Kita. Die Kleinen abholen und dann einkaufen und der ganze Haushalt. Wie hat man das nur alles geschafft?«, sagt Kornelia. Die Freundesrunde nickt. Das erinnern alle. »Na komm, ich habe sie doch auch ganz oft abgeholt. Bei Jonas haben wir es uns echt geteilt!« Andy ist ärgerlich. »Ja klar, du hast sie auch mal abgeholt.« Kornelia klingt resigniert. Worauf Andy richtig zornig reagiert: »Scheiße, wieso stellst du das immer so dar, als hätte ich das alles an dir hängen lassen? He? Was soll das denn jetzt?« Kornelia will keinen Streit vor den Freunden. »Komm, ich habe das wirklich meistens gemacht. Aber jetzt lass mal gut sein.« Beide verstummen. Und die Freunde versuchen, das lastende Schweigen aufzulösen. »Noch jemand einen Espresso?«

Geteilte Erinnerungen sind ein wertvoller Schatz, der Paare verbindet. Wir erinnern schöne Zeiten. Und in Krisen stärkt es uns, daran zu denken, welche schwierigen Situationen wir schon gemeinsam gemeistert haben. Doch wir geraten auch immer wieder in Konflikte über unsere Vergangenheit. Denn unser Gedächtnis ist kein Vorratsraum, in dem Erinnerungen abholbereit lagern. Jedes Mal, wenn wir uns erinnern, verändern sich unsere Gedächtnisinhalte unter dem Einfluss unserer Gegenwart. Wir kreieren die Geschichte, die wir unser Leben nennen und unser Selbstbild, das von den Erinnerungen bestimmt wird, wer wir gewesen sind. Wie unglaublich formbar unser Gedächtnis ist, bewiesen Forscher. Sie brachten achtzig Prozent ihrer Versuchspersonen dazu, sich an Ereignisse zu erinnern, die nie stattgefunden hatten.

Üblicherweise halten wir unsere Erinnerungen stabil, indem wir sie mit anderen abgleichen. Unser Partner ist dabei unser Kronzeuge.

Wenn nun ausgerechnet er unsere Erinnerungen nicht teilt, sind wir alarmiert. Scheinbar wehren wir uns dann gegen Unwahrheiten. Doch tatsächlich wehren wir uns gegen das Bild, das unser Partner in seinen Erinnerungen von uns zeichnet. Deshalb reagiert Andy auch sauer, als Kornelia ihre Sicht der Vergangenheit schildert. Er sieht sich als engagierten Vater und emanzipierten Ehemann. Sie sich als Frau, die für die Familie ihre beruflichen Ambitionen zurückstellen musste. Beides ist nicht falsch. Aber jeder bedroht mit seiner Erinnerung das Selbstbild des anderen.

Wir werden als Paar immer wieder über unsere Vergangenheit streiten. Weil es die eine, wirkliche Vergangenheit nicht gibt. Wir finden nur eine Lösung, wenn wir akzeptieren, dass Erinnerungen nicht wahr sind. Obwohl sie sich so wahr und eindeutig anfühlen. Wir können dann nachsichtiger miteinander sein. Und andere Fragen stellen. Was ist für dich so bedeutsam an deiner Erinnerung? Und vor allem: Was ist für mich so wichtig an meiner Erinnerung? Wie wir erinnern, verrät, wie wir uns sehen. Wie wir gesehen werden wollen. Wofür wir Anerkennung suchen. Unser Gedächtnis dient uns und nicht der Wahrheit. Wenn uns das bewusst bleibt, finden wir immer wieder eine gemeinsame Geschichte. Und unsere Liebesgeschichte wird nie bloße Geschichte.

## GELIEBT WERDEN
## HEISST NICHT,
## DAS GLEICHE ZU LIEBEN

Jörg: Oft ist der leidenschaftliche Hobbyfotograf schon vor Sonnenaufgang unterwegs, um das beste Licht zu finden. Seine Frau knipst höchstens mit dem iPhone und hasst es, fotografiert zu werden.

Anton: Er wandert für sein Leben gerne. Seine Freundin streift auch gerne durch die Natur. Aber tagelang in zweitausend Metern Höhe von Hütte zu Hütte zu touren, verweigert sie. Das ist nicht ihre Idee eines erholsamen Urlaubs.

Rufus: Der Klassikfan verbringt manche halbe Nacht vor dem PC, um Tickets für ein gutes Konzert zu buchen. Seine Partnerin hat ihm fantastisch gute Kopfhörer geschenkt, damit sie nicht ständig mit Johann Sebastian Bach leben muss.

Jörg, Anton und Rufus möchten, dass ihre Liebste ihre Leidenschaft mehr mit ihnen teilt. Zwischen Wut und Enttäuschung schwankend, versuchen sie immer wieder ihre Partnerinnen dazu zu bewegen. Und leben in einem nie endenden Konflikt.

Eine Leidenschaft zu haben ist großartig. Es ist verständlich, dass wir uns wünschen, dass unser Liebespartner sie mit uns teilt. Wir können dann gemeinsam als Tango-Paar von Milonga zu Milonga ziehen. Oder ganz Europa mit dem Rad erobern. Wir haben etwas, was uns fest verbindet und worüber wir uns austauschen können. Doch häufig teilen Partner unsere Vorlieben wenig oder gar nicht. Und alle Versuche, sie dafür zu begeistern, scheitern.

Wir teilen dann Tisch und Bett. Aber bitte nicht auch noch den Golfplatz. Das ist schade und traurig, weil wir einsehen müssen, dass unsere Welten hier getrennt sind. Denn wir würden unseren Liebespartner gerne mit dem beglücken, was uns beglückt. Wir möchten ihm das geben, das uns viel wert ist. Wir möchten die romantische Fantasie aufrechterhalten, jemanden gefunden zu haben, mit dem wir untrennbar verbunden sind. Weil er genauso denkt und fühlt wie wir. Ein kindlicher Teil in uns möchte unsere Begeisterung in den Augen des anderen gespiegelt sehen. Und wir sind enttäuscht, wenn der Funke nicht überspringt, selbst wenn wir das Großartigste präsentieren, was wir kennen.

Jörg, Anton und Rufus wollen ihren Partnerinnen ihre Leidenschaften nicht aufzwingen. Aber dass vom anderen geliebt wird, was sie selber lieben, ist offenbar ein so unschlagbarer Liebesbeweis für sie, dass sie diesen Wunsch nicht aufgeben können. Es scheinen häufiger Männer zu sein, die es schwer finden, sich geliebt zu fühlen, wenn sie es nicht unmittelbar, konkret und unwiderlegbar erleben. Wie in der sexuellen Vereinigung oder im Seelengleichklang der geteilten Begeisterung.

Wer darum kämpft, dass seine Leidenschaft uneingeschränkt geteilt wird, will weit mehr, als seinen Willen bekommen. Er will sich geliebt fühlen. Im Konflikt um Bergwanderungen und Kunstsammlungen geht es um den Teil in uns, der uns selbst nicht für liebenswert hält, der nie die Sicherheit in der Liebe findet und ständig an der Zuneigung des anderen zweifelt. Können wir diesen unsicheren Teil mit unserem Liebespartner teilen? Die Liebe lebt davon, dass wir uns mit-teilen und angenommen fühlen. Geliebt werden beweist sich nicht, wenn wir Gleiches lieben.

# XI

# VERLETZLICHKEIT II –
# STATT EINES NACHWORTS

Ich erlebte den schwierigen Prozess, zur Verletzlichkeit zu finden, in meinen ersten Ehejahren. Wenn ich unglücklich in unserer Beziehung war, dann kritisierte ich meine Frau, machte Vorschläge, wie es meiner Meinung nach besser laufen könnte, bekam hier und dort Wutanfälle und war mies gelaunt. Aber ich traute mich nicht, meiner Frau mitzuteilen, wie schlecht es mir in unserer Beziehung wirklich ging. Wie unverstanden und allein ich mich fühlte. Ich redete mir ein, sie könne das Gleiche empfinden und dann zu dem Schluss kommen, dass es keinen Sinn mehr ergeben würde, unsere Beziehung aufrechtzuerhalten. Wenn ich an unserer Ehe zweifeln würde, und sie auch, dann fürchtete ich das Ende unserer Beziehung. Ich fürchtete, sie könnte meine Zweifel und Verzweiflung nicht als mein Leid, sondern nur als kritische Absage an unsere Beziehung aufnehmen und würde unsere schwierige Beziehung aufgeben. Ich schämte mich aber auch, mir selbst einzugestehen, wie schlecht es mir mit unserer jungen Ehe ging. Es kam mir wie das Eingeständnis meines eigenen Versagens vor. Wieso schaffte ich es nicht, meine Beziehung so positiv zu gestalten, dass ich zufrieden war? Ich wollte mich nicht so hilflos fühlen. Und schon gar nicht wollte ich, dass meine Hilflosigkeit gesehen würde. Ich wäre mir schwach vorgekommen, wenn ich meine Gefühle einfach so auf den Tisch gelegt hätte. So, als wenn ich darauf angewiesen wäre, dass sie mir aus diesen Gefühlen heraushilft. So bedürftig wollte ich auf keinen Fall sein.

Wie unschwer zu erkennen ist, übernehme ich leicht die Verantwortung in Beziehungen. Ein altes Erbe aus der Zeit, als ich in der unbefriedigenden Ehe meiner Eltern die Verantwortung für das Wohlergehen meiner Mutter übernahm. Ich verstand und wusste das. Aber das half mir nicht. Ich konnte kein Problem ansprechen, ohne nicht gleich auch die Lösung dafür präsentieren zu können.

Eines Abend, wir waren junge Eltern, unsere kleine Tochter schlief endlich, lagen wir gemeinsam völlig erschöpft auf unserem Bett. Und ich fühlte mich so leer und deprimiert, dass ich aussprach, was in mir vorging. Ich konnte nicht mehr anders. Ich sagte, wie sehr ich die Liebe und Verbindung zu meiner Tochter fühlte. Und wie sehr sie mir zu meiner Frau fehlte. Ich konnte sagen, dass ich nicht weiterwüsste und mich noch nie so am Ende gefühlt hätte. Claudia, meiner Frau, ging es ebenso. Wir brachen beide in Tränen aus und sprachen dann beide alles aus, was in uns vor sich ging. Unsere ganze Enttäuschung, die Wünsche an unsere Beziehung, die sich nicht erfüllten. Wie unsicher sich unsere Beziehung für uns anfühlte, wie sehr wir unter unseren Streits litten, wie sehr wir uns vom anderen bekämpft fühlten. Als führten wir einen Wettstreit darum, wer besser wüsste, wie man richtig lebt. Wieder und wieder wollte ich stoppen, aber dann gab ich mir innerlich doch wieder einen kleinen Anstoß und sprach aus, was gerade in mir auftauchte, machte meine Innenwelt sichtbar. Wir redeten, bis wir schließlich erschöpft Arm in Arm einschliefen.

Anschließend waren wir beide erleichtert. Aber vor allem waren wir uns wieder näher. Die Einsamkeit, die sich wie eine dicke Schicht um mich gelegt hatte, war verschwunden.

Ich warte auch heute oft noch zu lange, bis ich den Schritt in die Verletzlichkeit wage. Aber immer, wenn unsere Beziehung stagniert und unbefriedigend wird, ist seit damals klar, was geschehen muss. Einer von uns muss den Schritt machen und aussprechen, was bis dahin nur still in uns vorgegangen ist. Es ist mittlerweile schon fast ein Beziehungsritual, alles anzusprechen, wenn es mal wieder an der Zeit ist. Und dann sprechen wir miteinander, einmal oder auch mehrmals. Und wir erleben es ähnlich, wie wir es auch aus unserer Sexualität kennen: Sie geht uns verloren. Dann finden wir sie wieder und fragen uns, wieso wir nicht viel häufiger Sex haben.

Sie können jetzt mit Recht fragen, und ich tue es auch, warum ich Dinge nicht sofort und direkter anspreche, wieso ich damit so lange warte. Ich scheue das Risiko immer wieder. Ich lasse den Alltag über mich schwappen und rede mir ein, es wäre noch nicht nötig. Es kommt mir unangemessen anstrengend vor, mich zu öffnen und all die Verletzlichkeit hervorzuholen. Ich fühle meine Scham wie einen dickflüssigen Widerwillen. Ich weiß ja, ich kann es tun. Und das benutzt ein Teil in mir dazu, mir einzureden, dass ich es ja auch später und ein anderes Mal machen kann. Es fühlt sich ein wenig an wie eine umgekehrte Sucht. Dem Raucher reden seine inneren Anteile alle möglichen Begründungen für eine weitere Zigarette ein, wenn er beschlossen hat, mit dem Rauchen aufzuhören. Ich finde immer neue Begründungen, etwas nicht zu tun: meine tieferen, unsicheren Gefühle zu zeigen. Ich stecke dann in meiner Verschlossenheit fest oder in meinem Ärger, weil sie lieber noch lesen als mit mir reden wollte. Ich komme mir dann kleinlich vor, wie ein Idiot. Nach so vielen Jahren sollte ich sie doch kennen. Und dann sagt eine Stimme in mir, dass ich jetzt wirklich auch lieber lesen sollte, als mich auf eine mögliche lange und letztlich wie es mir gerade erscheint, frustrierende und fruchtlose Auseinandersetzung einzulassen. Wenn ich mich dann frage, wieso ich wieder warte, dann bin ich meist schon kurz davor, den Bann des belanglosen Nebeneinanders zu durchbrechen.

Ich schildere das jetzt sehr aus meiner Sicht. Aber natürlich entsteht die gleiche Verbundenheit, wenn meine Frau diesen Schritt tut. Und letztlich hilft es uns nur, wenn wir ihn gemeinsam gehen. Mich verletzlich zu zeigen, fühlt sich immer wieder wie eine Hürde an. Es wird einfacher mit der Zeit. Aber ganz einfach wird es wohl nie werden.

# LITERATURLISTE

Ahlers, Christoph Joseph; Lissek, Michael: *Himmel auf Erden & Hölle im Kopf: Was Sexualität für uns bedeutet.* Wilhelm Goldmann Verlag, München 2015.

Bartens, Werner: *Empathie: Weshalb einfühlsame Menschen gesund und glücklich sind.* Knaur, München 2017.

Bartens, Werner: *Partnerglück: Wie eine gesunde und dauerhafte Beziehung gelingt.* Insel Verlag, Berlin 2017.

Bartens, Werner: *Wie Berührung hilft: Warum Frauen Wärmflaschen lieben und Männer mehr Tee trinken sollten.* Knaur, München 2014.

Birnbaum, Anke: *Rituale im Alltag von Paaren: Perspektiven für die psychologische Paarforschung.* Asanger Verlag, Kröning 2012.

Bonelli, Raphael M.: *Perfektionismus: Wenn das Soll zum Muss wird.* Pattloch Verlag, München 2014.

Bowlby, John; Mander, Gertrud: *Bindung.* Ernst Reinhardt Verlag, München 2006.

Bradley, Brent; Furrow, James: *Emotionally Focused Couple Therapy for Dummies.* John Wiley, Mississauga 2013.

Brown, Brené: *Verletzlichkeit macht stark: Wie wir unsere Schutzmechanismen aufgeben und innerlich reich werden.* Kailash, München 2013.

Brown, Brené: *Die Gaben der Unvollkommenheit: Leben aus vollem Herzen.* J. Kamphausen, Bielefeld 2012.

Brown, Brené: *Laufen lernt man nur durch Hinfallen: Wie wir zu echter innerer Stärke finden.* Kailash, München 2016.

Chapman, Gary: *Die fünf Sprachen der Liebe – Wie Kommunikation in der Ehe gelingt.* Francke, Marburg 2010.

Clasen-Holzberg, Claudia; Holzberg, Oskar: *Kursbuch Familie.* Naumann & Göbel, Köln 2000.

Clement, Ulrich: *Dynamik des Begehrens: Systemische Sexualtherapie in der Praxis.* Carl-Auer Verlag, Heidelberg 2016.

Clement, Ulrich: *Wenn Liebe fremdgeht: Vom richtigen Umgang mit Affären.* Ullstein, Berlin 2010.

De Botton, Alain: *Der Lauf der Liebe: Roman.* S. Fischer, Frankfurt am Main 2016.

Fonagy, Peter: *Bindungstheorie und Psychoanalyse.* Klett-Cotta, Stuttgart 2009.

Glass, Shirley: *Die Psychologie der Untreue.* Klett-Cotta, Stuttgart 2015.

Gloger-Tippelt, Gabriele (Hrsg.): *Bindung im Erwachsenenalter: Bindung für Forschung und Praxis.* Verlag Hans Huber, Bern 2012.

Golemann, Daniel: *Soziale Intelligenz: Wer auf andere zugehen kann, hat mehr vom Leben.* Droemer Verlag, München 2006.

Golemann, Daniel: *Emotionale Intelligenz: Emotionen erkennen, verstehen und meistern – für effektivere Kommunikation, erhöhte soziale Kompetenz und mehr Erfolg im Leben.* Carl Hanser Verlag, München 1996.

Gottman, John M.: The Science of Trust: Emotional Attunement for Couples. W. W. Norton & Company, New York, London 2011.

Gottman, John M.; Silver, Nan: *Die 7 Geheimnisse der glücklichen Ehe.* Econ, München 2000.

Gottman, John; Silver, Nan: *Die Vermessung der Liebe: Vertrauen und Betrug in Paarbeziehungen.* Klett-Cotta, Stuttgart 2014.

Grossmann, Karin; Grossmann, Klaus: *Bindungen – das Gefüge psychischer Sicherheit.* Klett-Cotta, Stuttgart 2012.

Haig, Matt: *Ziemlich gute Gründe, am Leben zu bleiben.* dtv Verlagsgesellschaft, München 2016

Harari, Yuval Noah: *Homo Deus: Eine Geschichte von Morgen.* C. H. Beck, München 2017.

Hartmann, Claudia: *Rituale zu zweit: Was Liebende zusammenhält.* Königsfurt Verlag, Kiel 2001.

Hendrix, Harville: *So viel Liebe, wie du brauchst. Das Therapiebuch für eine erfüllte Beziehung.* Econ, Düsseldorf 1997.

Holzberg, Oskar: *Schlüsselsätze der Liebe: 50 kluge Gedanken, die Ihre Beziehung verbessern können.* DuMont Buchverlag, Köln 2015.

Holzberg, Oskar: *Liebe kennt keine Regeln. Eine Beziehung schon.* Verlag Herder, Freiburg 2008.

Horx, Matthias: *Future Love: Die Zukunft von Liebe, Sex und Familie.* Deutsche Verlags-Anstalt, München 2017.

Illouz, Eva: *Warum Liebe wehtut: Eine soziologische Erklärung.* Suhrkamp, Frankfurt am Main 2011.

Jellouschek, Hans: *Warum hast du mir das angetan? Untreue als Chance.* Piper Verlag, München 1997.

Johnson, Sue: *Liebe macht Sinn: Revolutionäre Erkenntnisse über das, was Paare zusammenhält.* btb Verlag, München 2014.

Johnson, Sue: *Praxis der Emotionsfokussierten Paartherapie: Über die Beschaffenheit von Bindungen.* Junfermann Verlag, Paderborn 2009.

Johnson, Sue: *Halt mich fest. Sieben Gespräche zu einem von Liebe erfüllten Leben. Emotionsfokussierte Therapie in der Praxis.* Junfermann, Paderborn 2011.

Johnson, Sue; Bradley, Brent; Furrow, James: *The Emotionally Focused Casebook: New Directions in Treating Couples.* Routledge, New York 2011.

Kirshenbaum, Mira: *Ich will bleiben. Aber wie? Neuanfang für Paare.* S. Fischer, Frankfurt am Main 2010.

MacHale, Des: *Wit.* Prion, London 1997.

Moeller, Michael Lukas: *Die Wahrheit beginnt zu zweit: Das Paar im Gespräch.* Rowohlt Verlag, Reinbek 1992.

Moeller, Michael Lukas: *Gelegenheit macht Liebe. Glückbedingungen in der Partnerschaft.* Rowohlt Verlag, Reinbek 2000

Northrup, Chrisanna; Schwartz, Pepper; Witte, James: *Wer zusammenhält, ist weniger allein: Von glücklichen Paaren lernen.* Wilhelm Goldmann Verlag, München 2014.

Pauls, Christa; Sannek, Uwe; Wiese, Anja: *Rituale in der Trauer.* Ellert & Richter Verlag, Hamburg 2003.

Parianen, Franca: *Woher soll ich wissen, was ich denke, bevor ich höre, was ich sage? Die Hirnforschung entdeckt die großen Fragen des Zusammenlebens.* Rowohlt, Reinbek 2017.

Phillips, Adam: *Monogamie.* Fischer, Frankfurt 2017

Phillips, Adam: *Vom Küssen, Kitzeln und Gelangweilt sein.* Steidl Verlag, Göttingen 1997.

Porges, Stephen W.: *Die Polyvagal-Theorie und die Suche nach Sicherheit: Traumbehandlung, soziales Engagement und Bindung.* G. P. Probst Verlag, Lichtenau 2017.

Puett, Michael; Gross-Loh, Christine: *The Path: A New Way to Think About Everything.* Penguin Books, UK 2017.

Deutsche Ausgabe: Puett, Michael; Gross-Loh, Christine: *Das Wichtigste von allem: Die Geheimnisse der großen chinesischen Denker und wie sie unser Leben bereichern – Die legendären Vorlesungen.* Krüger Verlag, Frankfurt am Main 2016.

Rebillot, Paul: *The call to Adventure: Bringing the Hero's Journey to Daily Life.* Harper, San Francisco 1993.

Retzer, Arnold: *Lob der Vernunftehe: Eine Streitschrift für mehr Realismus in der Liebe.* S. Fischer, Frankfurt am Main 2010.

Richardson, Diana: *Zeit für Liebe: Sex, Intimität & Ekstase in Beziehungen.* Innenwelt Verlag, Köln 2015.

Richardson, Diana: *Slow sex: Zeit finden für die Liebe.* Integral Verlag, München 2011.

Ryan, Christopher; Jethá, Cacilda: *Sex at Dawn: How We Mate, Why We Stray, and What It Means for Modern Relationships.* HarperCollins, New York 2010.
> Deutsche Ausgabe: Ryan, Christopher; Jethá, Cacilda. *Sex: Die wahre Geschichte.* Klett-Cotta, Stuttgart 2016.

Schindler, Margarethe: *Heute schon geküsst? – Paare brauchen Rituale.* Verlag Herder, Freiburg 1998.

Schmidbauer, Wolfgang: *Das Rätsel der Erotik: Lust oder Bindung.* Kreuz Verlag, Freiburg 2014.

Schmidt, Gunter: *Das neue Der Die Das: Über die Modernisierung des Sexuellen.* Psychosozial-Verlag, Gießen 2014.

Shem, Samuel; Surrey, Janet: *Alphabet der Liebe: Warum Mann und Frau doch zusammenpassen.* Klett-Cotta, Stuttgart 1999.

Simon, Fritz; Weber, Gunthard: *Vom Navigieren beim Driften: Post aus der Werkstatt der systemischen Therapie.* Carl-Auer Verlag, Heidelberg 2012.

Sigusch, Volkmar: *Das Sex ABC: Notizen eines Sexualforschers.* Campus Verlag, Frankfurt am Main 2016.

Specht, Jule: *Suche kochenden Betthasen: Was wir aus wissenschaftlichen Studien für die Liebe lernen können.* Rowohlt, Reinbek 2014.

Spring, Janis Abraham; Spring, Michael: *Treuebrüche: Die kreative Aufbereitung des Seitensprungs.* S. Fischer, Frankfurt am Main 1998.

Tatkin, Stan: *Wired for Love: How Understanding Your Partner's Brain Can Help You Defuse Conflicts and Spark Intimacy.* New Harbinger Publications, Oakland 2011.

Vieser, Michaela; Schautz, Irmela: *Für immer und jetzt: Wie man hier und anderswo Liebe feiert.* Verlag Antje Kunstmann, München 2016.

Von Sydow, Kirsten; Seiferth, Andrea: *Sexualität in Paarbeziehungen.* Hogrefe Verlag, Göttingen 2015.

Weiner-Davis, Michele: *Healing from Infidelity: The Divorce Busting Guide to Rebuilding Your Marriage After an Affair.* Michele Weiner-Davis, Woodstock 2017.

Weingardt, Beate M.: *Das verzeih ich dir nie! Kränkung überwinden, Beziehung erneuern.* SCM R. Brockhaus, Witten 2006.

Wile, Daniel B.: *Couples Therapy: A Nontraditional Approach.* John Wiley, New York, Toronto et al. 1993.

Wolf, Naomi: *Vagina: A New Biography.* HarperCollins, New York 2012.
> Deutsche Ausgabe: Wolf, Naomi: *Vagina: Eine Geschichte der Weiblichkeit.* Rowohlt Verlag, Reinbek 2013.

# DANK

Mein Dank geht zuallererst an Claudia und Billy, die sich die Mühe gemacht haben, das gesamte Manuskript zu lesen, mir wertvolle Hinweise gegeben, meine Launen ertragen und mich auch dann noch bekocht haben, wenn ich nur geistesabwesend am Tisch hing. Ebenso an Kirsten von Sydow, Andrea Seiferth und Ricarda Rudert, die mir Sicherheit gaben, keinen blühenden Unsinn zu verzapfen. Tanja Rauch ist trotz hängender Schultern an mir dran geblieben und hat die richtige Mischung gefunden, mich zu drängen, ohne meinen Unmut zu erzeugen. Sonja Niemann und Nicole Haaks haben unermüdlich neue Sätze von mir verlangt und sie lesenswerter gemacht.

Natürlich wäre das alles nicht möglich ohne meine Familie, Freunde und all meine Klienten.

Dank an Claudia, Laura, Billy und Nick, die mein Ort im Leben sind, und durch deren Gegenwart ich immer fühlen kann, was Liebe ist. Und an ihre Partner Laura, Howie und Fabian.

An Petra und Michael und meine Mutter Hannelore, die mich mit ihren 89 Jahren noch immer ermahnt, nicht zu viel zu arbeiten. Recht hat sie.

An Catarina, Henning, Helga, Dirk, Ralph, Ulrike, Stefan, Andrea, Caty, Andrea, Stephan, Christine, Peter, Bernd und alle anderen hier ungenannten Freunde, bei denen ich mich entschuldigen muss, dass ich das letzte halbe Jahr so gut wie abgetaucht bin. Ohne sie wäre mein Leben ärmer.

Dank auch und besonders allen Klienten, dass sie sich mir anvertrauen, und ich mit ihnen jeden Tag all die Gefühle und Konflikte miterleben darf, die unser Leben ausmachen, und dass ich mit ihnen weiter lernen kann und konnte.

Mein Dank gilt auch allen Autoren, Ausbildern, Kollegen und Lehrern, auf deren Schultern ich stehe, und die mir geholfen haben, das Paarsein zu verstehen. Besonderer Dank gilt Sue Johnson, deren Arbeit ich und dieses Buch viel zu verdanken haben.

*Take another little piece of my heart now, baby*
*You know you got it, if it makes you feel good.*

—

»Eine langjährige Liebesbeziehung ist ein zwischenmenschlicher Hindernisparcours, der so schwierig ist, dass viele Paare dabei ins Straucheln geraten.« OSKAR HOLZBERG

254 Seiten / Auch als eBook

Was machen Paare in langen und harmonischen Beziehungen richtig? Der bekannte Paartherapeut Oskar Holzberg erkennt, was eine Beziehung zusammenhält oder was sie trennt: Er zeigt, wie die Liebe gelingen kann.

www.dumont-buchverlag.de **DUMONT**